MINERVA現代経営学叢書㊺

ICTイノベーションの変革分析
――産業・企業・消費者行動との相互展開――

藤原雅俊/具 承桓編著

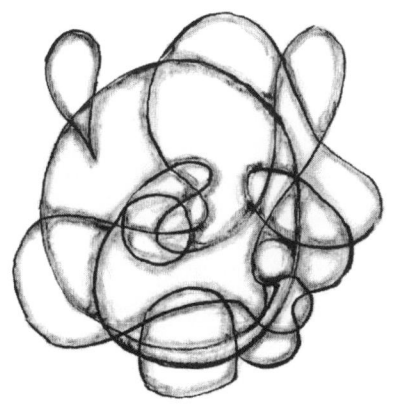

ミネルヴァ書房

はじめに

　本書の目的は，企業や消費者が情報通信技術（以下，ICT：Information and Communication Technology）を利用することによって何をどのように変革してきたのかを明らかにすることである。IT（Information Technology）やICTは，洋の東西を問わず，一時は流行語のように扱われた言葉である。その時期になされた多くの分析を今読み返すと，過大な期待と過剰な批判とがかなり入り交じっていたように感じられる。そうした加熱や幻想が分析の眼を曇らせていた流行りの時期を過ぎた段階で，落ち着いた分析を行いたい。これが，本書を執筆しようとした我々の動機である。

　ICTという概念が網羅する範囲は，非常に幅広い。しかし，ICT化の基本概念はデジタル化とネットワーク化という2つに集約される，と我々は考えている。特に本書では，ネットワーク化がどのような戦略的意義をもちうるのか，ということに主眼をおく章が少なくない。そこで我々は，日本で一般によく知られるITではなく，ICTという言葉を本書で用いた。ネットワーク化の意義に重点をおくためである。

　本書の執筆者は，戦略論や組織論，技術経営論，消費者行動論といった多様な分野で活動する研究者である。これは，まさにICTが広範な領域で利用される汎用基盤技術（General Purpose Technology）であることの証左であろう。多様な研究者が各章を担当しているけれども，我々は何度も研究会を重ねる中で，企業や消費者がデジタル化とネットワーク化をどのように利用して何をどのように変革したのかを分析する，という問題意識を統一している。本書に対する評価は，読者の判断を待つほかない。我々としては，ICT化を通じた経営現象の変革をできる限り様々な角度から分析し，より豊かに解釈することに力を注いだつもりである。

　本書を始めるにあたり，あらかじめ2つの点を明らかにしておきたい。第一

に，我々は技術が社会を変えるという技術決定論的な立場は取っていないことである。たしかに ICT 化によって経営に関わる様々な現象は大きく変わった。しかしそれは，あくまで企業や消費者による技術の選択と利用の結果である。本書はここに注目し，人々による取捨選択と利活用が連鎖した結果として，何がどのように変革したのかを分析しているのである。端的に記せば，執筆者の目は，様々な ICT がそれぞれにもつ詳細な技術内容そのものよりも，それを利用する側の主体である企業や消費者の行動に向けられている。ICT イノベーションという題名から，技術の最前線を想起される読者もいるかもしれない。けれども，このような理由によって，そうした「最先端技術の紹介」は本書に登場しないことを記しておきたい。

　第二に，今述べたように我々が企業や消費者の行動に目を向けているのは，イノベーションは新技術の登場によって完結するものではなく，人々による利活用の社会プロセスをも包含して初めて成立するものだという意識を強くもっているからである。実は ICT 関連書籍の中には，そうした社会プロセスにはあまり関心を寄せず，技術の最前線や最新技術事例を「イノベーション」として追い求める志向が強いものも少なくない。なかには，そうした最新技術事例が自動的に将来普及するという見込みや時に前提が，陰に陽に示されているものもある。その傾向は，ICT が登場して長い年月が経ち，狂騒を経験して流行りの時期を過ぎたはずの今日でもあまり変わっていないと思われる。その流れからみれば，本書で登場する ICT の技術自体は，今さらながらのものばかりで古めかしく映るかもしれない。

　しかし，繰り返して強調すれば，イノベーションは新技術の登場をもって完結するものでは決してない。その技術を人々がどのように理解して選択し，利用するかという社会プロセスまでをもその射程に収めている。特に，社会科学者である我々が ICT イノベーションを分析するのであれば，人々による選択と利用が積み重ねられていく社会的な変革プロセスこそ解明する必要があろう。ICT を分析対象にすると，とかく最新技術事例に目が向きがちになるところで，あえて意識的に社会プロセスに目を向けようと我々は本書で試みている。

　このような考えに基づいて，ICT イノベーションを通じた変革プロセスを

はじめに

たどり，分析しようとすれば，時間軸を長くとって中長期的な観点から分析できる対象を選ぶことになる。すなわち，登場まもない最新技術は，その新しさゆえに本書の分析対象から外れるのである。これもまた，本書が最新技術事例の紹介をしていないもうひとつの理由である。

最後に，本書の出版に際しては，多くの方々からの支援があった。ミネルヴァ書房の梶谷修さんは，我々の研究会に参加して下さったと同時に，常に我々を励ましてくれた。同じく藤原夏葉さんは，本書の編集時において多くの助言を我々に下さった。おふたりのおかげで，本書はかなり改善されたと感じている。京都産業大学出版助成金制度からも，多大な援助を頂いた。社会への研究発信を力強く支援してくれている同制度に対し，記して感謝したい。

我々編者の家族にも謝意を表すことを許して頂きたい。2人はともに在外研究で日本を離れ，デンマークのコペンハーゲン・ビジネス・スクールと韓国のソウル大学でそれぞれ思い思いに研究に邁進することができた。こうした自由な研究活動が許されるのも，ひとえに家族の協力があってこそのことである。研究出張で何かと家を空けることの多い我々2人をいつも支え続けてくれる妻，真夕佳と良児に，深い感謝を伝えたい。

2012年1月

執筆者を代表して

藤原雅俊

具　承桓

ICT イノベーションの変革分析

――産業・企業・消費者行動との相互展開――

目　次

はじめに

序　章　ICT化のダイナミズム……………………………藤原雅俊…1
　　　　　──問題意識と分析枠組み──
　第1節　なぜ今ICT化分析なのか……………………………………1
　第2節　ICT化されたもの：財と取引に注目して……………………3
　第3節　ICT幻想を超えて……………………………………………7
　第4節　本書の分析枠組みと構成……………………………………10

第Ⅰ部　産業と企業行動の変革

第1章　製品統合による産業境界の引き直し……………藤原雅俊…19
　　　　　──事務機器のデジタル化と複合化──
　第1節　デジタル化による製品統合…………………………………19
　第2節　FAXおよび複写機のデジタル化プロセス…………………24
　第3節　プリンターの複合化…………………………………………33
　第4節　複合化の駆動力………………………………………………40
　第5節　産業境界の流動化現象の解明に向けて……………………45

第2章　ネットワーク化とビジネスモデルの変更………久保亮一…48
　　　　　──病院と医療機器メーカーの事例──
　第1節　ICT化がもたらす影響の範囲………………………………48
　第2節　ビジネスモデル………………………………………………50
　第3節　医療情報システム……………………………………………53
　第4節　電子カルテが病院に与える影響……………………………58
　第5節　病院へのICT化の影響が医療機器メーカーに与えた変化…62
　第6節　今後の展望……………………………………………………68

第Ⅱ部　企業間関係の変革

第3章　協働型EDIの普及メカニズム……………………中野幹久…75
——消費財製造業と組織小売業の戦略共有へ向けた取り組み——
- 第1節　協働型EDIの現状を踏まえた問題提起……………………75
- 第2節　先行研究のレビューと分析視点の整理……………………80
- 第3節　カルビーの事例………………………………………………86
- 第4節　事例からの考察………………………………………………94

第4章　協働型製品開発プロセスと取引………………具　承桓…104
——自動車部品産業における開発ツールのデジタル化とその影響——
- 第1節　ICTの導入と開発効率のジレンマ………………………104
- 第2節　製品開発における3次元CAD技術の影響に関するレビュー…106
- 第3節　3次元CADの2つの効果経路：正と負の効果の打ち消し？…110
- 第4節　まとめと新しい経営課題の台頭……………………………119

第Ⅲ部　イノベーションと消費者行動の変化

第5章　ICT化によるマーケティング・コンセプトの変容と普及パターンの変化………………………………山田昌孝…133
- 第1節　ICT化の機能………………………………………………133
- 第2節　マーケティング・コンセプトの変遷……………………134
- 第3節　ICT化と新製品の採用と普及……………………………140
- 第4節　製品ライフ・サイクル研究の新アプローチ……………148
- 第5節　研究知見の普及に向けて…………………………………156

第**6**章　普及の急速化とマーケティング戦略の変容……山田昌孝…163
　　　　　――iPodの採用と普及――
　　第1節　わが国の新製品普及事情……………………………………… 163
　　第2節　iPodの採用と普及……………………………………………… 167
　　第3節　アップル社のiPod戦略の検証………………………………… 175
　　第4節　ICT化と新製品のマーケティング戦略のパラダイム・シフト… 182

終　章　ICT化と産業のダイナミズム ………………………具　承桓…189
　　第1節　各章のメッセージとまとめ…………………………………… 189
　　第2節　ICT化のダイナミズム………………………………………… 193
　　第3節　本書の限界と今後の課題……………………………………… 201

索　　引……205

序　章
ICT化のダイナミズム
――問題意識と分析枠組み――

第1節　なぜ今ICT化分析なのか

　20世紀末において，ICTは人々の過大な期待を集めた。一種の熱狂が広く共有され，インターネット・バブルが生まれた。ICTは企業の取引費用を著しく引き下げるために，取引をオープン化して垂直統合を崩し，商社を不要とし，組織をフラット化し，日本企業が得意としてきた長期相対取引慣行に終止符を打つ，といった予測も次々に発表された。アメリカでは，ニューエコノミー論が台頭する契機にもなった。

　しかしその後の現実が示す通り，インターネット・バブルは日米ともに崩壊し，日本企業の慣行も実際に崩れたのはごく一部分であった。しかもそれはICT化によってというよりも，別の事情によるところが実は大きかった。こうした事実をもってして，ICT化の影響を過小評価する向きもある。

　本書の目的は，これら一連の過剰な期待と過小な評価とが交錯していた時期を過ぎた今，経営行動に対するICT化の影響を改めて冷静に分析することである。その利点は大きく2つあると我々は考えている。第一に，時流に乗った議論に左右されずに済むことである。アメリカでインターネットが商用利用されるようになった1988年から20年強，パソコンの家庭利用に弾みをつけたWindows95の発売から15年以上が過ぎた今であれば，賛否両論を俯瞰して分析を進めることが可能である。

　第二の利点は，ICT化の効果が顕在化するまでの時間にある。ICTは非常に多様な産業において企業や消費者が利用する汎用基盤技術（General Purpose Technology）として捉えられ（Harris, 1998），ICT化の影響が広く浸透して顕

在化するまでには長い時間が要されると考えられる。ICT は自然科学の世界における研究活動や技術開発の結果として生み出されるけれども，ICT "化"は，その後の人々の社会的な相互作用プロセスを経て初めて現実のものとなる。ICT 化した後の影響や効果となれば，さらに長い時間軸を用意しなければならない。したがって，ICT 登場直後にその変革メカニズムを分析することは難しく，むしろ一定期間を経た後の分析に意義があると考えられるのである。

　ICT 化を通じて，多くの産業で大小様々なイノベーションがたしかに生まれ，産業の性質や企業の経営行動は大きく変わってきた。電機業界ではデジタル製品がアナログ製品を代替し，自動車業界では半導体およびソフトウェアの搭載が今なお著しく進んでいる。画像や映像などのコンテンツ情報をデジタル情報におきかえたことで，そのインターネット取引が盛んになってきている。もちろん好影響だけではない。デジタル化は，製品のモジュール化とコモディティ化を招きやすくした。それにより，特に電機業界では，著しい価格下落が企業にとって深刻な問題となっている（延岡・伊藤・森田，2006）。本書は，このように好影響と悪影響を及ぼしうる ICT 化のダイナミズムを，経営行動の多様な側面に光を当てながら分析することを目指している。

　この問題に詳しく立ち入る前に，この序章ではまず，日本産業で ICT 化がいったいどのように展開してきたのかを俯瞰しよう。産業が ICT 化するといったとき，その内容は大きく2つに分類されると考えられる。第一に，産業が生み出す財が ICT 化される場合である。具体的にいえば，VTR が DVD プレイヤーに変わり，銀塩カメラがデジタル・カメラに変わるといった現象を指す。あるいは，ICT 化にともなって既存のサービスが ICT 化されることなども，これに含まれるだろう。第二に，財の取引様式が ICT 化される場合が挙げられる。それまでは対面で行われていた取引が，ウェブを介して行われる現象を想定すればよい。これら2つの ICT 化は，いったいどの程度進んだのであろうか。

序　章　ICT 化のダイナミズム

第 2 節　ICT 化されたもの：財と取引に注目して

（1）財の ICT 化

　第一に，財の ICT 化動向を確認しよう。ここでは，財を製品とサービスとにわけて考えていく。まず，製品の ICT 化をみる上で欠かせないのは，デジタル機器だろう。そこで，家電業界で 3 種の神器といわれた薄型テレビや DVD レコーダー，デジタル・カメラの動向を確認していこう。

　表序-1 は，各種製品の国内出荷台数の推移を示した表である。表から 2 つの点がわかる。まず，デジタル製品が既存製品の出荷台数を上回る技術転換のタイミングである。カメラが最も早く 2001 年，ついでレコーダーが 2003 年，そしてテレビは 2005 年を示している。次に，産業規模の推移である。興味深いことに，その推移は各製品で大きな違いがあることに気づく。テレビは技術転換を経ても産業規模が変わっていないのに対し，レコーダーは技術転換によって産業規模が落ち込んでいる。これは，テレビ一体型レコーダーが登場したことにも影響を受けているのだろう。デジタル化が製品機能を統合し，ひとつの製品に内包する影響をもっていることを示唆している。一方，テレビやレコーダーとは異なり，カメラにおいては技術転換が産業規模を著しく刺激していることがわかる。1999 年には 567.9 万台だった産業規模は，デジタル化を経た 2008 年にはおよそ倍増の 1111.1 万台を記録しているのである。技術転換がこれだけ脱成熟化（Abernathy, Clark and Kantow, 1983）を促した例は他に類をみない。

　次に，サービスの ICT 化を眺めよう。典型的には，情報の提供サービスを担う広告業や，音楽コンテンツの配信サービス業などが挙げられる。そこでまず，広告が新聞や雑誌からインターネットへどの程度移行したのかをみると，インターネット広告費は一貫して伸び続け，2004 年にラジオ広告費を，2006 年に雑誌広告費を，そして 2009 年に新聞広告費を抜き去り，7069 億円に達したと考えられている（電通, 2010）。他方で，テレビの広告費は 2000 年の 2 兆 793 億円をピークに漸次縮小傾向をたどり，2009 年には 1 兆 7139 億円へ落ち

3

表序-1　主要デジタル家電の国内出荷台数推移

(単位：万台)

年	テレビ		録再機		カメラ	
	ブラウン管テレビ	薄型テレビ	VTR	ディスク再生機・録再機	銀塩カメラ	デジタルカメラ
1999	959.7	39.3	683.4	38.8	418.1	149.8
2000	987.3	42.7	641.2	84.0	358.0	294.9
2001	963.1	67.9	613.2	170.9	301.8	483.1
2002	843.3	120.0	472.9	337.9	224.2	654.9
2003	716.2	177.2	295.2	520.4	114.6	843.8
2004	575.4	300.5	184.8	724.0	59.8	854.6
2005	398.2	468.5	109.3	713.2	30.2	844.3
2006	185.6	636.4	57.0	593.2	12.8	942.4
2007	62.5	837.7	28.9	553.6	5.3	1,098.7
2008	18.3	970.3	16.3	588.5	調査停止	1,111.1
2009	調査停止	1,362.6	調査停止	596.7		974.8
2010		2,519.3		774.6		1,057.2

(注) 1 ：薄型テレビは，プラズマと液晶をあわせた合計値。
　　 2 ：ディスク再生機・録再機のデータは，以下のように計算した。
　　　　 1999～2001年：DVD再生機
　　　　 2002～2007年：DVD再生機＋DVD録再機
　　　　 2008～2010年：DVD再生機＋DVD録再機＋BD再生機＋BD録再機
　　 3 ：カメラ映像機器工業会は2008年から銀塩カメラに関する統計データの発表を打ち切り，電子情報技術産業協会は2009年からブラウン管テレビおよびVTRの統計データの発表を打ち切っている。
(出所)　電子情報技術産業協会，カメラ映像機器工業会資料をもとに一部筆者算出。

込んでいる。未だテレビ広告が主役であるとはいえ，インターネット広告の伸びが非常に著しいことが確認できるだろう。

　続いて，音楽や図書，映画，ゲームの配信サービスといった，コンテンツ事業のICT化動向をみよう。コンテンツ産業の市場規模12兆843億円（2009年）のうち，デジタルコンテンツは6兆272億円を占め，その割合は49.9％まで高まっている（デジタルコンテンツ協会，2010）。ところが，そうしたデジタルコンテンツがインターネットや携帯電話を通じて流通している規模は，1兆3999億円程度にとどまっているのが現状である。その内訳は，携帯電話向けが6556億円，インターネットでの流通が7443億円となっている[2]。デジタル

コンテンツそのものの進展に比べると，携帯電話やインターネット上での流通は未だ進んでいるとはいえないようである。

（2）取引のICT化

　第二に，取引のICT化を考えよう。一般に，取引のICT化は，その取引が企業間取引（B to B）か，企業から消費者への取引（B to C）かによって分けられる。この通例にならい，本節でもそれぞれの動向を個別に確認する。

　表序-2は，B to BおよびB to Cの電子商取引市場の推移を示した表である。比較のため，把握可能な部分に関しては，アメリカの情報も掲載してある。まずB to Cに目を向けると，日本の電子商取引市場規模は650億円（1998年）から6.6兆円（2009年）へ拡大していることがわかる。ただし，全取引に占める電子商取引の割合，すなわち電子商取引化率を考えてみると，2009年時点でわずか2.08％にとどまっており，非常に低い。[3] 国土の広さや経済規模の違いを考慮に入れたとしても，アメリカと比べて小規模にとどまっている。

　一方，B to Bに目を向けると，その電子商取引市場規模（狭義）は，8.6兆円（1998年）から131兆円（2009年）へ拡大していることがわかる。意外なことに，アメリカと比較すると，その市場規模は日本が上回っていることがわかる。経済規模の違いを考慮すれば，日本がはるかに上回っていることになる。なお，その電子商取引化率は，2009年時点で13.7％である。[4]

　ただしここで注意しておくべきことは，B to Bの電子商取引市場のこうした拡大は，後述するようなeマーケットプレイスにおけるオープンなスポット取引の展開を意味していない，ということである。これらは，あくまで既存取引の深化を目的とした電子化である。eマーケットプレイスは，その拡大が強く期待されたけれども，成功例はごく僅かであり，既存取引の代替は幻想として終わっている。事実，丸紅CIO（当時）の浅田照男は次のように述べる。

　「（ITを活用した取引改革を）全社で本格的に始めたのは2000年ごろ，いわゆるネットバブルの時代です。インターネットによってビジネスが大変動すると言われ始めた時期であり，総合商社のいわゆる仲介機能も，ITの発達によって存在意義がなくなるのではないかという危機意識が高まりました。こうした

表序-2 電子商取引市場の推移

(単位:兆円)

年	B to C (狭義)		B to B			
			広義		狭義	
	日本	アメリカ	日本	アメリカ	日本	アメリカ
1998	0.065	2.25			8.62	19.5
1999	0.336					
2000	0.824				21.6	
2001	1.484				34.027	
2002	2.685				46.307	
2003	4.424		157.103		77.432	
2004	5.643		190.977		102.699	
2005	3.457	15.932	223.539	189.158	140.443	91.689
2006	4.391	19.270	231.452	195.998	147.875	95.354
2007	5.344	22.654	253.397	206.990	161.651	103.654
2008	6.089		249.589		158.860	
2009	6.696		204.855		131.061	

(注) 電子商取引における広義と狭義の定義は,OECDによる以下の定義に従っている。
・広義の電子的取引;企業,家計,個人,政府,その他の公的・私的組織間を問わず,コンピュータを媒体としたネットワーク上で行われる財・サービスの販売または購入。財・サービスはネットワーク経由で注文が行われるが,その決済や最終的な配送については,オンライン,オフラインのいずれでも構わない。具体的には,インターネット・アプリケーション,EDI,Minitel,インタラクティブ電話システムなど,自動化された取引に利用される,あらゆるオンライン・アプリケーション上での受発注が,これに該当する。
・狭義の電子商取引;企業,家計,個人,政府,その他の公的・私的組織間を問わず,インターネット上で行われる財・サービスの販売または購入。財・サービスは,インターネット経由で注文が行われるが,その決済や最終的な配送については,オンライン,オフラインのいずれでも構わない。具体的には,ウェブページ,エクストラネットのほか,インターネット経由EDI,インターネット経由Minitelまたはその他のウェブ対応アプリケーションなど,ウェブのアクセス形態(例.モバイル,TVセット経由など)にかかわらず自動化された取引に利用される,インターネットを介して稼働するアプリケーション上での受発注が該当する。他方,電話,FAX,従来型のEメールによる受発注は該当しない。
(出所) 経済産業省『電子商取引に関する市場調査』各年版。

なか,当社ではITを利用したビジネスモデルを開発する目的で,ソリューション事業部という組織を立ち上げ,私が部長を務めました。(中略)

結論を言うと,マーケットプレイスに活路を見いだすという戦略は間違いでした。鉄鋼などの分野でいくつかの取引所を立ち上げ,1~2年運用しましたが,現在ではごく一部を除いてはほとんど稼働していないのが実態です。フェース・トゥー・フェースで顧客のニーズを聞くことなしに,マーケットプレイス上で商品を動かすだけでは,商社本来の仲介機能は果たせなかったわけで

す。」[5]

　丸紅は，伊藤忠商事と住友商事とともに日本メタルサイトという鋼材のeマーケットプレイスを2000年7月に設立したけれども，取引は思うように伸びなかったのである。こうした事例は枚挙に暇がない。

第3節　ICT幻想を超えて

（1）取引のオープン化？

　ICTを万能視して描かれながらも実現されなかったこのような未来像は，ICT幻想といえるだろう。その象徴的存在は，今指摘したeマーケットプレイスである。本章冒頭で記したとおり，ICTは企業の取引費用を大きく引き下げるために，個々の取引をオープン化し，垂直統合を崩し，商社を不要とし，長期相対取引慣行に終止符を打つ，といった予測が次々に展開された。その予測に基づき，数多くのeマーケットプレイスが文字通り乱立した。

　自動車業界では，GM，フォード，ダイムラー・クライスラー（当時）といったビッグスリーにルノー，日産を加えた5社が2000年12月にコビシントを共同設立し，2001年7月にはその日本法人も設立した。しかし業績は低迷し，2003年末には出自のネット競売部門を売却，業務効率化ソフトへと事業を転換したもののそれもふるわず，2004年には企業売却という結末を迎えた。2003年の国内自動車業界においてeマーケットプレイスで取引された金額は，わずか1850億円であった（経済産業省，2004）。同年の自動車業界の電子商取引市場規模は28兆円強であるから，その割合はわずか0.7％弱にとどまったのである。

　鉄鋼業界で2000年に設立された3つのeマーケットプレイスも，注目を集めた。日鐵商事・住金物産・神鋼商事といった鉄鋼系商社による鋼材ドットコム，三菱商事・三井物産・日商岩井（現，双日）によるスマートオンライン，そして伊藤忠商事・住友商事・丸紅による日本メタルサイトである。このうちスマートオンラインと日本メタルサイトは2003年に相次いで事業を停止し，2011年時点で生き残っている鋼材ドットコムも実質的には稼働停止状態にあ

るという。[(6)]

 化学でも壊滅した。ダウ・ケミカルが出資して設立したケムコネクトは2000年に日本に進出したものの2002年1月に撤退，三井物産や住友商事が関わって2000年に立ち上げたケミカルモール・アジアパシフィックも2002年に閉鎖。その他，ポリエステルチップ・ドットコムは2000年，エレミカは2002年に立ち上がったものの，いずれも翌年に閉鎖している。このように，主要産業を中心に次々とeマーケットプレイスが立ち上がり，瞬く間に消えていった。こうした事実は電機業界でも確認できる。洋の東西も問わない。

 そもそもeマーケットプレイスの基本的なビジネスモデルには，かなりの無理があった。彼らの収入源は売買手数料あるいは会員費の徴収にあったけれども，ICTが本当に取引費用を削減してオープンな取引を実現するのであれば，企業がeマーケットプレイスに依存する必要はない。加えて，売り手側企業の立場に立てば，たとえ販売先が広がる可能性に恵まれたとしても，eマーケットプレイスでは差別化要素が価格に集約されることとなり，熾烈な低価格競争を強いられるだけである。買い手側企業にとっても，eマーケットプレイスに乗るような標準部品に主に依存したのでは製品を差別化できず，競争力を失うか熾烈な価格競争に巻き込まれるだけである。したがって，売り手買い手双方にとって大したメリットにならず，参加企業が増えないこともあらかじめ想定し得たであろう。これは事後的に振り返って初めて明らかになることではなく，事前にも指摘されていたことである。にもかかわらず，乱立したのである。

（2）乱立の背景

 なぜ，この種のeマーケットプレイスがこれほどまでに乱立したのだろうか。最も浮かびやすい答えは，インターネット・バブルの熱病に冒されていた，というものであろう。たしかにインターネット・バブルは大きな衝撃をもっていた。インターネットに関連する意思決定なら何でも是とする空気が立ちこめていたことは間違いない。Galbraith（1990）が説いた通りのメカニズムが，インターネット・バブルの発生プロセスでも十分に確認できる。ただし，少なくとも日本におけるeマーケットプレイスの乱立と壊滅は，熱狂以外のメカニズム

も働いていたように思われる。

　今確認してきた通り、eマーケットプレイスの日本での展開や設立を積極的に主導したのは、商社だった。取引のオープン化は中抜きを必然的にともなうため、予測された世界が本当に訪れると壊滅的な打撃を受ける、と商社は捉えていた。最も早く動いたのは伊藤忠商事であり、1996年に電子商取引（Electric Commerce）を担うEC事業に乗り出したことが報告されている。2000年には、同社が社内ベンチャー組織「ネットの森」を3月に設立したのを契機に、4月には三菱商事が.Commerceを標語に掲げて新機能事業グループを新設し、600人（全三菱商事社員の8％）を投入、さらに同月には、住友商事もネットソリューションチームを事業本部内に設けた。三井物産も同年10月にeMitsui事業部を新設、35人を充てている。

　しかも、各組織を率いたのは各社のエース級の人材であった。三菱商事で新機能事業グループを率いた小島順彦、伊藤忠商事で「ネットの森」を率いた小林栄三、丸紅でソリューション部門を率いた朝田照男は、その後いずれも社長を務める人物である。こうした事実からも、これらが片手間で進められた事業ではないことがわかる。

　調査会社等も強気な予測を次々と発表していた。特に米フォレスター・リサーチは2000年2月、アメリカにおけるインターネットを通じた企業間電子商取引市場規模は2004年には2.7兆ドルに達し、そのうちeマーケットプレイスによる取引が1.4兆ドル（全体の53％）を占めるだろう、という予測を発表した。これはバブル崩壊前夜の大予測であり、今日から振り返れば実に大げさではあった。しかし商社はこれら一連の予測を事業計画に変えた。ICT化による産業消滅という悲観的予想は、仮に実現されれば大打撃である。したがって、商社の目にはことさらに脅威にみえていたのかもしれない。

　それが過剰な防衛行動をとらせた。ICTは企業ではなく産業全体の脅威となり、商社は手を組んでeマーケットプレイスの設立を急いだ。例えば前述のとおり、鉄鋼業界では三菱商事・三井物産・日商岩井、伊藤忠商事・住友商事・丸紅がそれぞれ手を組んだ。化学業界においてケムコネクトが日本に進出した時には、三井物産・三菱商事・住友商事・丸紅が手を組んでいた。このよ

うに連合を組んだがゆえに意思決定に慣性がついて急ブレーキをかけられず，バブル崩壊後にもすぐには減速できなかった可能性が考えられる。

(3) 幻想を超えて

　ICTを目の前にした企業はこのように深刻な幻想を抱き，振り返れば数多くの非合理的な行動をたしかに起こした。しかし他方で，ICTは汎用基盤技術として利用され，多様な領域でじわじわとその影響が顕在化し始めている。その影響については，日本経済へのインパクトを検証した元橋（2005）や発展途上国における影響を多様な視点から分析したD'Costa（2006）など，優れた先行研究をみつけることができる。これらの分析では，ICT化を通じてどのように経済成長が促されているのか，を明らかにしてきたように考えられる。その影響が顕在化するまで長い時間を要する汎用基盤技術としてICTを捉える立場から記せば，より長期的な分析が待たれるところではあるけれども，技術進歩と一国経済の発展との関係分析は，このようにこれまでも一定の蓄積がなされてきている。

　これに対し，分析単位をよりミクロレベルで捉え，既存の経営行動がICT化を通じて何をどのように変革していくのか，という問いを長期的視点に基づいて分析してきた先行研究はさほど多くないと思われる。もちろん，ICTの登場にともなって新しく生み出された産業，例えば情報通信産業に関する研究はみつけることができる。しかし，企業や消費者によるICT化プロセスの長期的分析，という観点に立つと，本書の貢献余地が残されているように考えられるのである。ICT幻想を超えて，いったいどのような変革がどのように起こっているのか。これを明らかにしていくことが，重要だと思われる。

第4節　本書の分析枠組みと構成

(1) 分析の枠組み

　本書が採用する分析枠組みは，図序-1に示している通り，非常に単純である。市場を構成する主体として供給者と顧客を想定し，供給者は顧客に対して

序　章　ICT化のダイナミズム

図序-1　本書の分析枠組み

```
                     財・情報
    ┌─────┐ ←─────────── ┌─────┐
    │供給者│               │顧　客│
    └─────┘ ───────────→ └─────┘
                  情　報
    ⎵_____⎵  ⎵_____⎵  ⎵_____⎵
       第Ⅰ部          第Ⅱ部           第Ⅲ部
   産業と企業行動の変革  企業間関係の変革  イノベーションと消費者行動の変革
```

財および情報を有償または無償で提供していく。他方で顧客は，その意図にかかわらず，購買活動などを通じて自身や社会の情報を供給者に流していく。あるいは，流れていく。通常の企業活動を示す，非常に単純な姿である。

　これが，本書の着眼点をそのまま示している。本書では，①供給者，②顧客，そして，③供給者─顧客の関係，に注目し，それぞれがICT化をどのように進め，どのような影響を受けているのか，を明らかにしていくのである。第一に，供給者に注目すれば，市場に提供する財をデジタル化することで，供給者側で一体どのような変革が起きていくのか。第二に，顧客に注目すれば，企業が様々な財をICT化したことで，消費者行動は一体どのように変わったのか。あるいはインターネットを利用することで，消費者はどのような行動に移っていったのか。そして，そうした消費者の行動変化を目にした企業の行動は，いったいどのように変わったのか。すなわち，第三に，企業が財をICT化したり，消費者がパソコンやインターネットを導入したりすることによって，供給者と顧客の関係はどのように変わっていったのか。これら3つの問いは，一般の企業活動を支える大きな柱に関わる重要な問いであろう。本書は，こうした問いを分析することを目指している。

　これら3つの問いに通底する重要な点は，技術が社会を変える，という視点ではなく，社会を構成する企業や消費者がICT化をどのように利用するのか，という視点に重きをおいていることである。技術それそのものには意図は存在しない。本書が関心を抱く経営現象に則していえば，企業や消費者たちが，その技術をどのように認識して利用するのかが重要なのである。ICT化を通じた変革の方向は，あくまで企業や消費者の手にゆだねられているのである。端的に記せば，"技術が企業や消費者行動を変える"という見方ではなく，"企業

や消費者が技術をどのようにみて取って利用し，何を変えていくのか"という見方を重んじようとしているということである。[7]

（2）本書の構成

　以上の分析枠組みに則って，我々は本書を3部で構成し，各部に2章ずつおいた。それぞれの概要は，以下のとおりである。

　第Ⅰ部では，産業と企業行動がICT化を経てどう変革したのか，という問いを分析していく。この部では，事務機器や医療機器といった具体的な財を取り上げ，それらがデジタル化されることによって何がどのように変革したのか，を明らかにしていく。より具体的には，第1章では，企業がデジタル化を利用して複数の製品機能を統合し，かつてはバラバラに分かれていたはずの産業をひとつに集約していく過程を，事務機器産業に注目して分析している。第2章では，病院と医療機器メーカーに注目し，ICT化を遂げて行く中で，その導入組織である病院のみならず，その外部組織である医療機器メーカーにまで波及的な影響を与えていくプロセスを分析する。

　続く第Ⅱ部では，ICT化によって企業間関係がどのように変革したのか，という問いを分析する。第Ⅰ部では財そのものに分析の焦点を当てたのに対し，この部では財をやりとりする垂直的な企業間関係に焦点を定めているところに違いがある。第3章では成功事例としてカルビーに注目し，ICTをどのように活用して小売店との有効な関係を構築していくのか，という問いを分析している。第4章では自動車産業に注目し，3次元CADの導入がサプライヤー・ネットワークにどのような影響を与えたのか，ということを明らかにしている。

　第Ⅲ部では，ICT化時代に入って消費者行動がどのように変革したのか，という問いを分析していく。消費者が活発にICTを利用することになったことで，新製品の採用と普及パターンは大きく変わった。これがこの部における基本主張である。この主張を裏付けるため，第5章では普及理論に関する先行研究を丹念に調査し，第6章においてiPodを事例にその採用と普及の実証を行う。第Ⅰ部および第Ⅱ部では，企業行動に焦点が当てられていたのに対して，第Ⅲ部では消費者行動に焦点が当てられている，とも対置できよう。その後，

本書全体の分析内容と結果を踏まえ，終章で本書の限界と今後の分析課題について記していく。

　先述した分析枠組みの図序-1に沿って各部を当てはめれば，左から順に，供給者の行動に主に光を当てているのが第Ⅰ部，供給者と顧客の関係に光を当てているのが第Ⅱ部，そして，顧客の行動に注目しているのが第Ⅲ部，というように区分けできよう。もちろんこれらは厳密に切り分けられるものではなく，互いにオーバーラップしてはいる。しかし主たる関心事はこのように分けられ，3部の分析を経て，本書で扱う分析枠組み全体を網羅することになる。

（3）ICT化を通じた変革プロセスの研究に向けて

　本章では，なぜ今我々がICTに関する分析を行うのかを明らかにしてきた。ICTは汎用基盤技術であり，その技術を様々に利用することで，かなり広範な産業において多様なイノベーションが生み出されたと考えられる。ICTを汎用基盤技術として捉えれば，それを企業が利活用して生み出していく効果は，登場直後に分析しうるものではなく，時を経て顕在化してくるものである。加えて，ICT登場直後の分析には過大評価と過小評価とが交錯し，時流に流されているものも少なくなかったように感じられる。したがって，ICT化を通じて産業や経営行動が何をどのように変革してきたのかという分析を今日行うことには，一定の意義があると考えられるのである。

　特に強調しておきたいことは，各章の分析対象がICT化を通じた変革結果というよりもむしろ社会的な変革プロセスにある，ということである。もちろん何が変革されたのかということは調査しているけれども，それはあくまで分析の事前準備としてであり，主たる関心はそれがどのように変革されたのかという点にある。多様な社会的要因がどのように関わり合い，どのような相互作用を通じたメカニズムを形成しているのか。分析の時間軸を長くとってその論理をたどる意義は，決して過小評価されるべきではないだろう。

　もちろん，ICTイノベーションを通じた変革の中には未だ潜在的なものもあり，今後も様々に顕在化するものもあるはずである。その先に続くであろう長い道のりからすれば，本書の分析もまだ途中過程のものを分析しているに過

ぎないのかもしれない。その意味で，次章から展開していく ICT 化による変革プロセスの分析が，今後のより長期的な分析の中の一里塚として様々に扱われることになればよいと筆者は考えている。

注

(1) 2009 年と 2010 年にテレビ市場の規模は急拡大しているけれども，これは，技術転換にともなうものというよりはむしろ，家電エコポイント制度と地上デジタル放送への移行にともなう政策的特需による押し上げ効果を受けたものだと考えられる。よって，異常値とみなした。
(2) 『デジタルコンテンツ白書』2010 年版。総務省の調査によれば，携帯電話端末向けのモバイルコンテンツ市場規模は 5525 億円（2009 年）である。
(3) 小売業とサービス業を合わせた電子商取引化率。
(4) その他の産業に属する取引分を除いた電子商取引化率。
(5) 『日経情報ストラテジー』2007 年 6 月号，16 頁。
(6) 新日鉄ソリューション関係者インタビュー（2009 年）。
(7) この 2 つの見方の違いについては，佐藤（2010）を参照されたい。

参考文献

伊丹敬之・伊丹研究室（2001）『情報化はなぜ遅れたか』NTT 出版。
経済産業省『電子商取引に関する市場規模・実態調査』各年版。
経済産業省『電子商取引に関する市場調査』各年版。
経済産業省『電子商取引に関する実態・市場規模調査』各年版。
経済産業省（2005）『平成 16 年電子商取引市場日米比較』。
佐藤俊樹（2010）『社会は情報化の夢を見る［新世紀版］──ノイマンの夢・近代の欲望』河出書房新社。
デジタルコンテンツ協会（2010）『デジタルコンテンツ白書 2010』。
電通『日本の広告費』各年版。
延岡健太郎・伊藤宗彦・森田弘一（2006）「コモディティ化による価値獲得の失敗──デジタル家電の事例」RIETI Discussion Paper Series, 06-J-017。
藤原雅俊（2008）「2000 年代前半における日本産業の ICT 化動向」『京都マネジメントレビュー』第 13 号，35-53 頁。
ベンチャーエンタープライズセンター『ベンチャーキャピタル等投資動向調査報告』各年版。
元橋一之（2005）『IT イノベーションの実証分析──日本経済のパフォーマンスはどう

変化したか』東洋経済新報社。

Abernathy, W. J., K. B. Clark, and A. M. Kantow (1983) *Industrial Renaissance : Producing a Competitive Future for America*, Basic Books.（日本興業銀行産業調査部訳, 1984, 『インダストリアル・ルネサンス――脱成熟化時代へ』TBS ブリタニカ）

D'Costa, A. P. (ed.) (2006) *The New Economy in Development : ICT Challenges and Opportunities*, Palgrave Macmillan.

Galbraith, J. K. (1990) *A Short History of Financial Euphoria : Financial Genius is Before the Fall*, Whittle Direct Books.（鈴木哲太郎訳, 2008, 『新版 バブルの物語』ダイヤモンド出版）

Harris, R. G. (1998) "Internet as a GPT," Helpman, E. (ed.), *General Purpose Technologies and Economic Growth*, MIT Press, pp. 145-166.

Rosenberg, N. (2010) "Chemical Engineering as a General Purpose Technology," *Studies on Science and the Innovation Process*, World Scientific Publishing.

(藤原雅俊)

第Ⅰ部

産業と企業行動の変革

第1章

製品統合による産業境界の引き直し
——事務機器のデジタル化と複合化——

第1節　デジタル化による製品統合

（1）3つの統合現象

　本章の目的は，企業がデジタル化を利用して複数の製品機能を統合していくことで，産業と産業の境界が引き直されるプロセスを明らかにすることである。デジタル化は，各種製品の性質を大きく変え，大きな影響を与えてきた。序章で述べた通り，銀塩カメラはデジタル・カメラに代わり，ビデオ録再機はDVD録再機，さらにはHDD録再機へと移り変わりつつある。デジタル製品がアナログ製品に取って代わっているのである。これらの変化は，デジタル化にともなう代替，という現象として捉えられる。

　しかし，デジタル化のインパクトは，デジタル技術がアナログ技術に取って代わるというだけにとどまらない。デジタル化は複数の製品機能の統合に向けた道を開き，その結果として，かつてはばらばらに分かれていたはずの産業を束ねたり1つに集約したりしていく可能性を備えていると考えられる。一言で記せば，デジタル化にともなう統合，という現象である。そうしたデジタル化にともなう統合には，大きく3つの現象がみて取れると思われる。

　第一に，記録媒体の本体内蔵化である。例えば，今指摘したビデオ録再機には録再機とビデオカセットが必要であった。それぞれ別の市場を形成していた。しかしHDD録再機が登場すると，情報の記録媒体を別製品として用意する必要性は著しく減った。デジタル情報を保存するHDDの小型大容量化が，記録媒体を録再機本体に内蔵することを可能としたため，記録媒体需要を大幅に失わせたのである。これはビデオカメラの世界でもまったく同じである。他にも，

携帯音楽プレイヤーの世界でも同じ現象を確認できる。

　音楽にせよ動画にせよ，本体と記録媒体の間には，互いに必要とし合うという意味でデジタル化以前にもともと相互依存関係があった。カセットのない世界でカセット・ウォークマンは意味をもたないであろうし，ビデオテープ・レコーダーがない世界でビデオテープは存在意義をもたないであろう。これらの製品は，アナログ時代から相互依存関係があったけれども，記録媒体の容量限界という事情によって別々の製品として存在していたのである。しかしデジタル化と記録媒体の小型大容量化にともない，この相互依存性はひとつの製品に取り込まれ，内包されるようになったのである。

　第二に，アナログ技術時代には存在していなかった相互依存性がデジタル化によって発現し，それまでは個別に存在していたはずの製品がひとつの製品として統合されていく，という現象が挙げられる。これは，複数機能が統合される，という意味で，複合化と呼ばれることが多い。その代表が，事務機器であろう。かつて事務機器産業は，FAX，複写機，プリンター，スキャナーなど，様々に市場が分かれていた。しかし，デジタル技術を利用することで，FAXメーカーがプリンター複合機を発売し，プリンター・メーカーが複写機能を搭載するようになり，といった展開を遂げてきている。FAX市場，プリンター市場，複写機市場といった個別市場に属していた企業が，若干のセグメントの違いはあるものの，今日では，ひとつの複合機市場の中で競争している状況にある。

　そして第三に，ひとつの製品には統合されないものの，デジタル化したことで互いの相互依存性が発現している現象が挙げられる。具体的には，デジタル・カメラとインクジェット・プリンター（以下，インクジェット）の関係がそれに当たる。デジタル化される以前，つまり銀塩カメラの時代にはフィルムを現像して写真を得ていた。銀塩カメラとプリンターとの相互依存性は見受けられなかった。しかしデジタル・カメラの登場は，インクジェットによる写真の打ち出しを可能とし，相互の依存性が発現していった。デジタル・カメラは画素数競争を展開し，それに呼応するようにインクジェットも高精細化競争が展開していったのである。デジタル・カメラもインクジェットも互いにひとつ

の製品としては統合されてはいないものの,デジタル化によってその相互依存性が発現し,ネットワーク化された好例であろう。

(2) 本章の焦点

これら3つの統合現象のうち,本章が注目するのは第二の統合現象である。具体的には,企業がデジタル技術を利用して複数の製品機能を統合し,各市場が束ねられていくプロセスを観察し,どのようにして産業の境界が引き直されるのか,という問いを扱っていく。なお,先に記したとおり,デジタル化にともなう統合現象の中でも,複数機能が統合される場合には複合化という概念が用いられることが多い。さらに事務機器を分析対象として扱うことから,本章では,複合化という概念を主に用いることとする。

事務機器の複合化プロセスをたどっていく上で本章が特に注目するのは,それぞれの企業行動にある。デジタル化は何も必ず複合化を強いるわけではない。複合化するかしないかは各企業の意思決定にゆだねられているのであり,したがってその行動を分析する必要があるからである。その結果として,産業レベルで製品の複合化が進んでいく。各個別市場を拠点としながら,複合化に向けた行動を各企業がどのように採っていったのか。その意図と行動に注目して,産業全体で繰り広げられた競争的相互作用を明らかにしていこう。分析に当たっては,2次資料に基づく定量的・定性的な情報および,取材による定性的な1次資料に依拠した。ただし調査協力者や企業広報部の意向により,取材においては大半が匿名調査となった。

本章は全5節で構成される。本節の次項では事務機器産業におけるデジタル化と複合化の概要を確認した上で,本章の問題意識を明らかにする。つづく第2節では,FAXや複写機の複合化に対する企業行動をリコーに注目して分析し,産業全体での複合化プロセスを企業行動の産物として捉えていく。第3節においては,ブラザー工業の企業活動に注目しながら,インクジェットの複合化プロセスを分析していく。リコーとブラザーという2社の行動を明らかにした後,第4節にて,なぜ両社が複合化をいち早く進めることができたのか,ということを分析する。そして第5節にて,本章の分析が果たしうる貢献と,分

析の課題，今後への展望を論じる。

（3）事務機器産業の概要

　本論に立ち入る前に，事務機器産業における複合化の概要を確認しておこう。**表1-1**は，各種事務機器のデジタル化と複合化の状況を示した表である。残念なことに，複写機の複合化を示す直接的な2次資料は現時点で確認されていない。しかし，事務機器が複合化してきたのは，それらがデジタル化されたことに起因する。そこで，間接的ではあるけれども，複写機のデジタル化に関する情報をここでは掲載している。この表からわかることは，大きく3点挙げられる。

　第一に，複写機の動向をみると，デジタル化が進んだ後にカラー化が進んでいることがわかる。国内出荷台数でデジタル機がアナログ機を上回ったのは1998年であり，カラー機がモノクロ機を上回ったのは2007年となっている。第二に，プリンター業界の様子を確認すると，ドットマトリクス・プリンターの市場が縮小していく一方で，インクジェットおよびページ・プリンターがそれを補う以上に伸びていることがわかる。とりわけインクジェットの成長が著しい。第三に，インクジェット市場で複合機化がかなり進展し，2006年に単機能機を追い抜いていることがわかる。それに比べページ・プリンター業界では，複合機の割合が高まってはいるものの，いまだに単機能機が支配的である。また，インクジェット業界では複合化が進むにつれて単機能機が減少していくのに対し，ページ・プリンター業界では複合機が伸びると同様に単機能機も伸びている。対照的な動きである。

　以上が，事務機器業界における主要製品の動向である。現段階では複写機の複合化を定量的には示せていないけれども，プリンターについては特にインクジェットにおいて複合化が進んでいく様子を確認することができる。そして，既に述べてきたように，これら複写機やプリンターの複合化の背景には，デジタル化がある。読み取った情報をデジタル情報として処理することで，FAXや印字機能など多様な機能をひとつの製品で用意することができるようになったのである。

第1章　製品統合による産業境界の引き直し

表 1-1　各種事務機器のデジタル化および複合化状況

年	複写機の国内出荷台数（台）			プリンターの世界出荷台数（千台）							複合機
	アナログ	デジタル		ドット マトリクス	インクジェット			ページ			合計
		モノクロ	カラー		合計	単機能	複合機	合計	単機能	複合機	
1990	729,000										
1991	721,189										
1992	652,875										
1993	635,494										
1994	508,347	120,958	18,417	8,879	14,323	14,323		6,780	6,780		32
1995	517,999	217,201	24,690	7,692	20,588	20,588		7,739	7,739		826
1996	501,393	260,208	42,529	6,409	25,206	25,206		9,005	9,005		1,741
1997	437,883	334,536	38,980	5,354	34,022	34,022		9,382	9,382		2,572
1998	317,564	369,262	35,150	4,484	41,704	41,704		12,585	12,585		3,084
1999	232,766	429,487	68,497	3,951	51,232	51,232		11,510	11,510		6,262
2000	191,215	469,479	73,297	4,104	63,690	63,690		11,693	11,693		7,474
2001	133,254	465,593	61,221	3,612	60,363	60,363		11,786	11,786		8,315
2002	111,140	442,617	107,431	3,185	69,132	60,357	8,775	15,764	12,450	3,314	12,089
2003	86,525	428,968	161,275	3,072	74,700	53,720	20,980	16,905	13,349	3,556	24,536
2004	68,838	442,750	216,303	2,981	89,716	51,616	38,100	21,190	16,618	4,572	42,672
2005	59,904	397,129	251,503	2,936	93,530	47,452	46,078	26,804	20,098	6,706	52,784
2006	45,775	312,705	306,276	2,756	92,025	39,442	52,583	30,295	21,412	8,883	61,466
2007	36,825	268,702	326,370	2,792	94,719	31,291	63,428	34,411	24,120	10,291	73,719
2008		256,244	342,858	2,729	89,737	25,749	63,988	33,652	22,928	10,724	74,712
2009		200,445	296,579	2,368	80,999	21,300	59,699	29,774	19,034	10,740	70,439
2010		175,363	353,823	2,463	83,732	17,466	66,266	35,075	22,080	12,995	79,261

（注）1：本来は複写機も世界市場規模でデータを把握することが望ましい。しかし，三国間貿易のデータを反映し始めたのが2003年からであるため，長期時系列データを的確に把握することが難しい。そのため，複写機については国内市場規模で各種動向を把握している。
　　　2：ビジネス機械・情報システム産業協会によれば，カラー機はデジタル機としてほぼ考えてよいとされる。そのため，カラー機をデジタル機の範疇に収めた。
　　　3：ページ・プリンターには，レーザー・プリンターおよびLEDプリンターが含まれている。
（出所）ビジネス機械・情報システム産業協会資料および『プリンタに関する調査報告書』『プリンターに関する調査報告書』各年版をもとに，一部筆者算出。

　複写機の世界において，そのデジタル化に先んじたのはリコーであった。そこで次節では，FAXと複写機のデジタル化プロセスを，リコーの行動に注目して明らかにしたい。

第2節　FAXおよび複写機のデジタル化プロセス

（1）FAX

　事務機器のデジタル化がいち早く進んだのは，FAXにおいてである。そのFAX市場でデジタル化の先鞭をつけたのは，後発参入者のリコーであった。1970年代のことである。

　当時のFAX市場では，松下電送が圧倒的なシェアを獲得していた。これに対しリコーは，1955年に複写機市場に進出した後，事務機器分野への全面展開を狙ってFAX事業への進出を考え，その参入可能性を探っていた。リコーの技術者たちが松下電送に対抗するために見出した活路は，伝送速度にあった。当時，一般的なFAXの伝送速度は，6分もかかっていた。これをみたリコーの技術者たちは，書類画像をデジタル信号におきかえることで，伝送速度を上げようと強く意図した。これが，リコーがデジタル技術に取り組むことになった契機である。そして開発されたのが，「リファックス600s」であった。

　1974年に発売された「リファックス600s」は，書類の伝送スピードをそれまでの6分から一気に1分にまで縮めることに成功した製品だった。そのため，新たな顧客を開拓することに成功する。従来のFAXは新聞社などのマスメディアでのみ用いられていたけれども，「リファックス600s」は一般企業のオフィス間における書類伝送用途という新たな市場を切り開いたのであった。リコーが顕在化させた書類伝送ニーズは大きかった。特に大企業では支社も多く，扱う書類も多かったことから，同製品は非常に歓迎された。

　リコーがFAX市場で新たに開拓した一般企業とは，それまで同社が複写機事業を展開する中で関係を築いてきた顧客そのものであった。そこでリコーは，複写機事業の販売ルートをFAXの販売活動でも積極的に活用した。これに対し松下電送は1977年，20秒機「RF20s」および40秒機「RF340」を発売して反撃に出ている。しかし松下電送は，リコーのように複写機をベースにした強力な販路を備えていなかった。そのため，デジタルFAXの販売活動においては，リコーが優位に立った。

同じ1977年，リコーは，OA化（Office Automation）というコンセプトを打ち出す。これは，工場の自動化を意味するFA化（Factory Automation）を援用したコンセプトであり，オフィスに事務機器を導入して手作業を省くことを促すものであった。複写機とFAXという2製品を揃えたリコーは，両製品をひとつのコンセプトでくくったのである。このコンセプトに従って翌1978年，リコーは複写機の専門部隊であった販売事業部でもFAXを扱い始めた。代理店も合わせると，およそ5000人に及ぶ販売要員をFAX販売に一気に振り向けたのである。同時にFAXの中速機セグメントにも進出し，リコーはFAX事業にいっそうの力を注いだのだった。

高速機のセグメントにおいても，リコーは攻めの姿勢を崩さなかった。1979年，リコーは「リファックス800s」を168万円という低価格で発売した。当時，高速機セグメントの最低価格製品は東芝の210万円だった。これを40万円以上も値下げした168万円という価格は，本来，中速機セグメントに位置すべき価格帯であった。中速機セグメントのユーザーに，高速機で売り込みをかけるという意図に基づいた価格設定だった。

複写機で確立していた販路とOA化というコンセプトに支えられ，リコーは他社より優位にデジタルFAXの営業活動を展開して市場シェアを高めた。自社製複写機を所有する顧客を対象に進めたFAXの販売活動は，リコー製品（複写機）の上にリコー製品（FAX）を乗せる，という意味で，後にR on R作戦と名づけられた。1985年，リコーは市場シェアで松下電送を抜いてついに首位に立った。

このように，リコーはデジタルFAXの開発を通じて市場を活性化した。しかし一方で，FAXのデジタル化は業界の参入障壁を下げたため新規参入を招き，業界は激しい低価格競争に陥っていく。その競争は熾烈を極め，製品価格の急落はリコーのコストダウンのスピードをはるかに超えた。結果として，同社の売上高営業利益率は低落していってしまった。ただし，この激しい競争を通じてリコーが蓄積したデジタル技術は，次に展開した複写機のデジタル化に活かされていくこととなる。

（2）複写機のデジタル化・複合化

　複写機業界は，キヤノン，リコー，富士ゼロックスの3社によって長く寡占状態が続いてきた業界である。これら3社は，それぞれの頭文字をとってCRXと呼ばれ，激しい競争を繰り広げてきた。

　1970年代までは，高速機セグメントに強い富士ゼロックス，中速機セグメントに強いリコー，そして低速機セグメントで台頭し始めたキヤノン，というように，棲み分け構造がはっきりとしていた。しかし1977年以降，富士ゼロックスは低速機をキヤノンにぶつけ，リコーは高速機を富士ゼロックスにぶつけ始める。キヤノンも1981年に「NP-400RE」を発売，中・高速機セグメントを侵攻しはじめた。こうして，棲み分け構造は次第に不明瞭となっていった。

　これら3つの既存セグメントにおける競争が激しくなったことで，各社は新セグメントの開拓に向けた行動を起こした。1982年6月，リコーは複写の拡大・縮小機能等を加えた「FT-4000」シリーズを投入し，「リコピー FT4060」（79万8000円）と「FT4030」（59万8000円）が量産開始10カ月で10万台を突破するヒット商品となった。同年10月には，キヤノンが「ミニコピアPC10」（24万8000円）を発売し，パーソナル分野という新セグメントを大きく開拓することに成功した。同機最大の特徴は，心臓部のドラム部分を使い捨てのカートリッジ式に変えた点にあった。この利点は大きく2つあった。第一に，カートリッジ式にすることで，本体価格を大幅に下げることが可能となった。その発売価格は上で記したとおり，25万円を下回っていた。第二に，ドラムを使い捨てにすることで，そのメンテナンスが不要となり，個人でも簡単に使えるようになった。低価格とメンテナンスフリーを同時に実現したことで，これまでの複写機が開拓できなかったパーソナル分野への進出をキヤノンが実現したのだった。

　しかし，新たに開拓したパーソナル分野も，すぐに競争の波に飲まれた。リコーは1983年に小型機「FT-3000」シリーズを投入してキヤノンを追随し，富士ゼロックスも同様に追随した。こうして，複写機市場における三つ巴の競争は激しさを増した。複写機市場は，この3社の他に小西六（現，コニカ）や京セラ，シャープなど，総じてみれば14社がひしめき合うという様相を呈す

ようになっていた。新たな差別化が，重要な開発課題となっていた。

そのひとつの開発課題としてこの頃からいわれ始めていたことが，複写機のデジタル化だった。デジタル複写機には，アナログ複写機が実現しえない3つの利点が指摘されていた。第一に，画像情報の事後処理が可能になるため，自由自在に画像を編集できるようになる，という点である。第二に，画像情報を電気信号に変換することで中間調を再現でき，写真をより忠実にコピーできる，という点である。そして第三に，電気信号をレーザー光に変換するため，FAXやレーザー・プリンターなど他の事務機器と連動でき，製品の複合化が狙えるようになる，という利点である。この最後の利点は，本章で論じる複合化と密接に関連にする点である。

この複写機のデジタル化をいち早く進めたのが，リコーであった。前掲表1－1からわかるとおり，産業全体でデジタル機の出荷台数がアナログ機を上回ったのは1998年である。これに対し，リコーのそれは1996年である。同年における産業全体のデジタル機出荷比率を計算すると，わずかに21.6％にとどまる。産業全体のデータには，デジタル化を率先して進めたリコーのデータも含まれているため，リコー以外の他社の動きは，この表で示される産業全体の動きよりも遅いことになる。つまり，デジタル化については，少なく見積もっても2年の開きがあった，ということである。そこで，以下では再びリコーの行動に注目して，デジタル化と複合化の流れを確認しよう。

（3）リコーの取り組み

リコーが初めてデジタル複写機を投入したのは，「リコア3000」を投入した1982年のことであった。しかし同製品は特殊用途の業務専用システムであったため，ニッチ製品であり，複写機事業の主流はアナログ機のままであった。リコーが本格的なデジタル機開発に乗り出したのは，1985年4月，複写機事業部で「Cプロジェクトチーム」というチームが18名で結成されたときからである。

このプロジェクトの当初の目的は，普及機並みの価格帯で投入可能なデジタル複写機を開発することであった。その意味では，デジタル複写機のコストダ

ウンに主たる目的があったといえる。しかし，単に価格帯をアナログ機にそろえただけでは，デジタル機の優位性は出ない。デジタル機ならではの特徴を活かす必要があり，そこで開発陣が目を付けたのが，デジタル技術を利用した他機能との融合，すなわちFAX機能をデジタル複写機に搭載することだった。ここにおいて開発チームの目標は，単なる低コストなデジタル複写機の開発から，FAXを搭載したデジタル複合機の開発へと発展した。この瞬間において，デジタル化が複合化への道をたどり始めたのだった。

18人のメンバーのうち，デジタル複写機に関わったことがあるメンバーは5人いた。しかし，FAX技術を扱った経験のある者はいなかった。そこで開発メンバーは入れ替わり立ち替わりFAX事業へ2カ月ほど「留学」し，技術を吸収して帰ってくるという活動を始める。これは社内で留学制度と呼ばれた。既に述べてきたように，FAX事業ではデジタル機が扱われていた。それゆえ，「Cプロジェクトチーム」の開発者たちは，この留学制度を通じて，FAX技術と同時にデジタル化を担うソフトウェア技術も吸収した。

もちろん，FAXと複写機とでは，要求されるデジタル技術の水準に隔たりがある。FAXの場合は，回線速度がデータ伝送量を制約するため，そもそも必要とされるデジタル技術の水準は低く済む。一方の複写機にはそうした制約がないため，要求される技術水準は高かった。とはいえ，FAX市場で激しい競争を繰り広げながら，一定水準にまでデジタル技術を深化させていた意義は無視できない。なぜなら，彼らはゼロからデジタル技術に取り組む必要がなくなり，ある水準から開発を始められたからである。特に，チーム内に7名もいたデジタル技術未経験者たちからすれば，FAXは格好の入門機だったに違いない。このように彼らは「留学」制度を通じた技術転用を進め，1986年に試作機を完成させた。ただし，彼らにとって同時に重要だったことは，このデジタル機を普及帯の価格で投入することだった。開発者たちはアナログ複写機の部品を共用するなど，その低コスト化に努めた。

1987年6月29日，リコーは「イマジオ320」および「イマジオ320F」を発売した。「イマジオ320」は単機能のデジタル複写機であり，「イマジオ320F」はFAX機能がついたデジタル複合機だった。価格は前者が99万8000円，後

者が138万円。どちらも普及帯ぎりぎりの価格設定であった。「イマジオ320」の部品点数のうち、アナログ機部品は68％を占めていたという。また、独自開発した特定用途向け集積回路ASICによって、彼らは半導体の部品点数を従来の300個から6個まで減らすことにも成功していた。その結果、リコーは普及機分野への参入に成功したのだった。

しかしそれでもなお、デジタル機のコストはアナログ機より圧倒的に高かった。その理由は、第一に、デジタル機はまだ量産効果の恩恵を享受していなかったからである。さらに第二に、初期のデジタル機は不良品率も高かった。そのため、デジタル機の新製品を投入するほど利益が落ち込む構造に陥っていたのであった。

にもかかわらず、当時の社長であった浜田広は、デジタル複写機の投入を積極的に進めた。浜田は、複写機やFAXが顧客に対して独自の貢献をしているとは考えなかった。どちらも画像処理という共通の役割を果たすことで顧客に貢献している、と考えていた。この考えに基づいて浜田は、リコーの企業ドメインをIPS（イメージ・プロセッシング・システム）というコンセプトでくくり、全事業横断的にデジタル化を後押しした。Cプロジェクトが開発を進めていた、1980年代半ばのことであった。浜田によるデジタル化の後押しを複写機事業の領域でみると、1990年、リコーはデジタル複写機「イマジオ」の拡販のために専任販売員を200人増加し、350人体制にしている。さらに1992年には「複写本流」と銘打ち、デジタル複写機の投入体制を強化した。

実は浜田には、かつてFAX事業に携わっていた経験があった。浜田は、そこでデジタル化の重要性を強く認識していたのであり、浜田の強い意思のもと、デジタル技術の経験のある人材が次々とデジタル複写機・複合機開発に投入されたのだった。例えば、20代後半でFAXのデジタル化に取り組んだ技術者、原和幸は、その後、デジタル複写機に携わっている。2011年時点で社長を務めている近藤史朗もまた、デジタルFAXからデジタル複合機開発に関わっていった経歴をもつ。このように、デジタルFAXの開発に携わった経験のある技術者たちが、デジタル複写機に携わっていったのだった。

（4）デジタル複写機の展開

　1993年6月9日、リコーは小型デジタル複写機「イマジオMF150」（以下、「MF150」）を発売した。価格は従来の製品より約3割安い64万円で業界最低価格、製品の高さは従来機3分の2の79.8cm。リコーの得意とする中小オフィスを対象として、省スペース化を謳い文句に売り出した製品である。小型・胴内排出を実現した小型普及機で、ペンギン・シリーズと呼ばれる一連のデジタル複写機の1号機だった。

　デジタル機が省スペース化に役立つ主な理由は2つ挙げられる。ひとつは複写機自体の小型化による省スペース化であり、もうひとつはFAXとの複合化による省スペース化である。こうした省スペース化は顧客ニーズを捉え、「MF150」は非常に高い人気を集めた。その生産台数は、当初計画の月産2500台ペースを半年もしないうちに超え、業界最大の月産4000台ペースにまで引き上げられた。

　ヒットを受け、「MF150」の品揃えは翌1994年早々から速やかに強化された。1月25日には「MF150s」および「MF150s モデル2」、2月には「MF150 モデルA」が発売された。7月には、「イマジオMF160シリーズ」が「MF150シリーズ」の後継として順次発売された。これらの新機種投入は、キヤノンや富士ゼロックスにはない動きだった。図1-1は、1984年から1995年にかけて3社が投入した複写機を価格別にグラフ化した図である。リコーがかなりの低価格戦略を展開し、いち早くシェアの拡大をねらっていたことがわかる。この動きは、普及価格帯での製品投入という彼らのねらいと整合的である。こうして、彼らは複写機事業の競争力を高めたのだった。

　これら一連の、FAX事業で競争力を高めてデジタル技術を蓄積し、それを転用して複写機事業の競争力を高めたプロセスを示唆しているのが、図1-2である。図1-2は、横軸にリコーの複写機事業の競争力を、縦軸にFAX事業の競争力を、それぞれ1983年から2002年まで示している。競争力は、相対シェアによって算出されている。1を超えていればリコーがトップシェアを獲得していることになる。

　図1-2は、大きく3つの時期に分けられる。第一期（①）は、FAX事業の

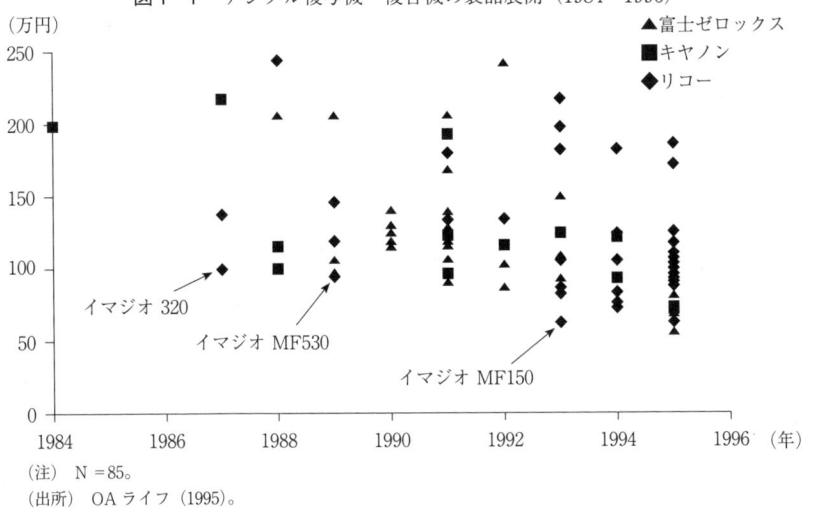

第1章 製品統合による産業境界の引き直し

図1-1 デジタル複写機・複合機の製品展開（1984〜1996）

（注） N = 85。
（出所） OA ライフ（1995）。

競争力が高まっていく1980年代である。デジタル FAX を製品化したリコーが複写機事業で構築した販売網を有効活用し，素早く事業を展開させて松下電送を凌駕していく様子がわかる。1980年代終盤は，1前後を細かく動いている。この第一期では複写機事業の競争力が1を超える年が2度訪れるけれども，これは1980年代全体から見れば特殊な年であることもわかる。

　第二期（②）は，1993年からの数年間である。この期では，FAX 事業の競争力が一時的に減退していく一方で，複写機事業の競争力が高まる様子が認められる。これは，FAX 市場の競争激化や，FAX 事業でデジタル機開発を担った中心人物が複写機事業へと異動することで，FAX 事業自体の競争力は低下してしまうものの，技術移転が推進されることで，デジタル複写機の競争力が高められた様子を表す。そして第三期（③）では，複写機事業のみならずFAX 事業の競争力も高まっていく様子が認められる。複写機とFAX がデジタル化されたことで何らかの相乗効果が働いたように推測される。

　以上が，FAX と複写機のデジタル化と複合化プロセスである。本節では，このプロセスをリコーの企業行動に注目して明らかにした。重要なことは，デジタル技術そのものが必然的に企業行動を変えたわけではない，ということで

第Ⅰ部 産業と企業行動の変革

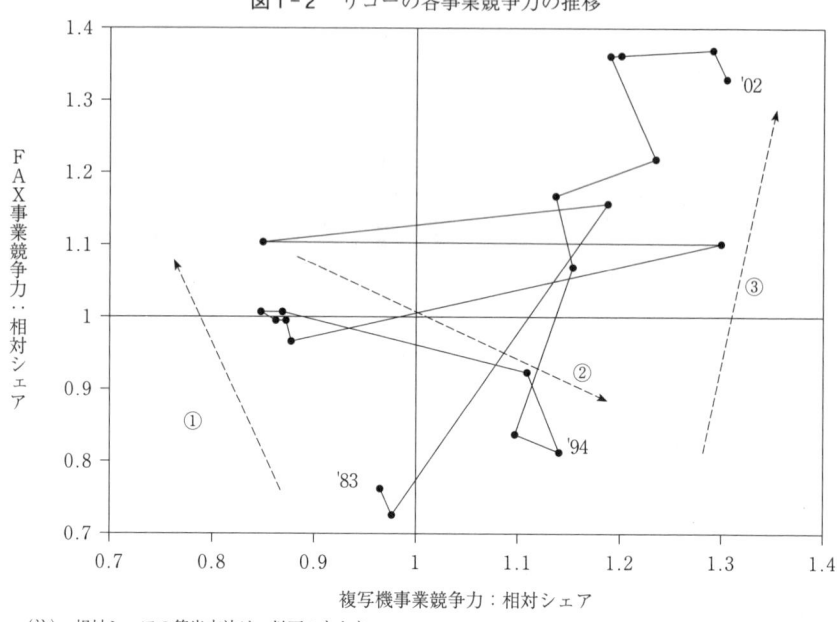

図1-2 リコーの各事業競争力の推移

(注) 相対シェアの算出方法は,以下のとおり。
　　　リコーが首位である場合:(リコーの市場シェア)／(2位企業の市場シェア)
　　　リコーが首位でない場合:(リコーの市場シェア)／(首位企業の市場シェア)
　　したがって,相対シェアが1を超えている場合,リコーが首位であることを意味する。
(出所) 藤原(2004)。

ある。リコーはFAX市場への参入に当たって自らデジタル技術の採用を選択して製品差別化を図り,複写機事業においてもデジタル機の優位性を顕在化させるためにFAX機能の搭載を進め,製品の複合化を推進したのである。いずれも,リコーの戦略的事情によって製品のデジタル化と複合化が進められたのである。それは,1970年代から1990年代半ばまで非常に長く続いたのだった。

事務機器の世界においてデジタル化の下地が整ってくると,本節で指摘してきた複写機とFAXの複合化だけでなく,プリンター側からもFAXとの複合化が進んだ。特に,その動きに熱心だったのはブラザーである。では,いったいどのようにしてブラザーはインクジェット複合機を展開してきたのであろうか。

第1章　製品統合による産業境界の引き直し

第3節　プリンターの複合化

（1）FAX機能の獲得

　インクジェット市場は，ヒューレットパッカード（以下，HP），キヤノン，セイコーエプソン（以下，エプソン）の3社が占める寡占市場である。印刷という単機能の性能を伸ばしてきたこの市場も，本章冒頭で確認したように，今やその大半が複合機である。その中で，特にFAX付きインクジェット複合機市場で健闘しているのが，ブラザーである。FAXとインクジェットという2つの機能のうち，ブラザーが先に獲得したのはFAX技術であり，それは同社がFAX市場に参入した1987年にさかのぼる。

　もともとミシンを出自とするブラザーは，1960年代にタイプライターを発売して事務機器事業に進出していた。その販売実績は，1983年度の時点でミシン449億円，事務機631億円であり，既に企業構造は大きく変わっていた。1980年代半ばになると，ミシンやタイプライター市場が成熟したことから企業成長が頭打ちとなってしまい，同社は次の新たな成長源を求め始めることとなった。事実，ブラザーの売上高は，1984年度の1872億円をピークとして停滞し，利益率は7.9％（1984年度）から下降の一途をたどっていた。

　新市場として彼らが目をつけたのが，成長を続けていたFAX市場だった。高い市場成長率に期待を寄せ，1987年，彼らはFAX市場に参入した。ところが，前節で記したとおり競争は激しく，ブラザーは苦戦を重ねた。既存事業も振るわず，企業業績は著しく低下した。危機を感じた同社は1989年，当時社長を務めていた安井義博を委員長として社内に21世紀委員会を組織し，その将来像を明確に絞り込むべく喧々囂々の議論を交わした。

　この委員会では，平均年齢が50歳，40歳，30歳になるように分けられた3つのグループがそれぞれ提案を出している。安井の目には，各提案内容は，50代チームは改善案，40代チームは改革案，30代チームは革新案と映った。とりわけ最若手のチームからは，家電からの撤退と情報機器部門への集中という極めて思いきった提案が出されていた。結局，安井は30代案と40代案の間を

とって将来像を絞り込み,情報機器部門への集中展開を決断した(安井,2003)。しかし企業業績はすぐには上向かず,1992年,同社は経営危機を迎えた。

この危機を救ったのは,苦戦していたはずのFAXだった。21世紀委員会で情報機器部門への集中展開を決断したブラザーでは,FAX事業の打開が重要な課題だった。その打開策を模索した末に得られたのは,窮地を打破するには他社の半値以下で勝負するしかない,という「非」現実的ともいえる帰結だった。しかしブラザーはなんとかそこに活路を見出すべく,徹底的なコスト削減を重ねた。その結果として1992年,同社は「FAX-600」をアメリカ市場で発売した。その価格は399ドルであり,当時の相場価格1000ドルを大幅に下回る,驚くべき低価格であった。

「FAX-600」は,圧倒的な低価格を武器にアメリカのSOHO (small office / home office) ユーザーから強い支持を受けた。これが,同社の経営危機を救う一手となった。こうしてアメリカ市場のSOHO向け販売網にうまく乗ったブラザーは,この販売網を極めて重要な資産として認識し,その後の意思決定の拠り所としていったと思われる。

(2) インクジェットへの参入

ブラザーがインクジェット開発を始めたのは,同社が経営危機に陥る直前の1990年のことである。ブラザーは,1961年にポータブル・タイプライター「JP1-111」,1971年にドットマトリクス・プリンター「M-101」,その後レーザー・プリンターを発売するなど,プリンター市場にはすでに参入していた。そこで彼らは,次なる矢としてインクジェット開発に乗り出したのだった。翌1991年には,イギリスのXAAR社が,自社開発したピエゾ式インクジェット・ヘッドの技術供与をねらって,多くの企業に声をかけ始めていた(太田,2006)。この流れを受けてブラザーは,1992年から新たなインクジェット・ヘッドの開発を正式に始めた。

しかし,この時点において,市場では既にHP,キヤノン,そしてエプソンがしのぎを削り始めていた。3社とも1970年代中頃からインクジェット開発に乗り出しており,ブラザーより15年以上も早かった。初号機の発売はHP

とエプソンが1984年，キヤノンが1985年。HPは低価格化に注力しており，初号機の「ThinkJet」は495ドル，「QuietJet」（1986年発売）は595ドルに設定していた。

インクジェット市場が大きく飛躍したのは，1990年だった。この年，HPが業界最高解像度の300dpi（dots per inch）を実現した「DeskJet500」を投入し，10月25日にはキヤノンがそれを上回る360dpiの「BJ-10v」を発売した。「BJ-10v」は，モノクロ印字速度が非常に速かった上に，価格は従来機の半値にあたる7万4800円であった。高印字速度・高解像度・低価格という3拍子がそろった同製品は，世界的な大ヒットとなった。

これにより，1990年12月時点で150億円に過ぎなかったキヤノンのインクジェット売上高は，600億円（1991年度），950億円（1992年度）へと急拡大した。累積生産台数も1991年4月に100万台を超え，1993年2月には500万台を突破した。この勢いを受けてキヤノン社長（当時）の山路敬三は，「プリンター事業の急成長がその（企業成長の）原動力になる」と述べている[1]。国内インクジェット・メーカーによる世界出荷台数もまた，38万台（1989年）から63万台（1990年），203万台（1991年）へと急増したのだった。

HPが投入した「DeskJet500」は，エプソンにも深刻な危機感を与えた。HPの攻撃対象が，エプソンのドットマトリクスにあったからである。特に「DeskJet500」は，エプソンが得意としていた欧米市場を席巻し，ドットマトリクス市場を著しく侵食した。ドットマトリクス事業はエプソンの屋台骨だったため，同社の開発陣は，HPに対抗すべく緊急ヘッドプロジェクトを組織し，より高性能な独自インクジェットの開発を始めた。

1991年10月，エプソンはその開発成果として「HG-5130」を発売した。しかし，これはヒットしなかった。ピエゾの振動パワーが弱く解像度が低いままであった上に，コスト要因であったピエゾを小型化できずに価格も22万6000円と高止まりしたからである。日本市場の発売価格でみると，キヤノンの「BJ-10v」は7万4800円，HPの「DeskJet500J」は9万8000円であるから，「HG-5130」がまったく太刀打ちできていないことがわかる。しかも，同じ1991年に，HPは欧米市場で「DeskJet500」の価格を490ドルまで引き下げ，

エプソンのドットマトリクスを突くと同時にキヤノン「BJ-10v」への反撃に乗り出していた。このように，市場競争は激しさを増し始めていた。ただし，その主流は未だモノクロ印刷だった。カラー機も発売され始めていたものの，その規模は小さかった。

（3）単機能開発

　これが，ブラザーが開発を始めた時点における市場環境であった。市場競争は激しく，ブラザー社内でもインクジェット市場への参入に対する疑念の声が上がったに違いない。にもかかわらず彼らがインクジェットへの参入を決めた理由は，大きく3つあったと考えられる。

　第一に，先述したとおり，情報機器事業への資源集中という企業戦略上の意思があった。第二に，情報機器の一角を担う事務機器の将来をみれば「いつかはカラー」が至上命題であった。かつてブラザーには，カラー複写機への参入を試み，開発費だけで100億円近くの赤字を出して撤退した経験があった。カラー化はこの時からの悲願であったけれども，レーザーのカラー化は，技術的にかなり時間がかかると見込まれていた。そこで，インクジェット開発に注目したのである。たしかに競争は激しくなりつつあったけれども，それはモノクロ印刷の世界での話であり，カラー印刷は黎明期にあった。したがって，後発ではあったものの「最終バスに乗るなら今しかない」と判断したのだろう。そして第三に，販売戦略上の要請もあった。FAX市場への参入以来，ブラザーは事務機器分野の販売網を拡大してきていた。その販売網を確固たるものにするには，既に展開していたドットマトリクスとレーザーに加えてインクジェットも投入し，品揃えを豊富にすることが望ましかったと考えられる。

　ブラザーがインクジェットへの参入を決めた背景には，概ねこれら3点があった。このとき同社は経営不振に陥っており，1992年6月には年度通期で営業赤字に陥る見込みであることが早々と報じられた。企業としてはいち早い収益回復が喫緊の課題であり，事業としても最後発での参入であったことから，インクジェット開発は急ピッチで進められたはずである。

　しかし問題は数多くあった。プリンター・ヘッドのように精細な部品の開発

は，これまでのブラザーが経験したことのない世界だったからである。ピエゾの問題，ノズル穴の形状の問題，インク流路の問題など，実に多くのポイントで足踏みをせざるを得なかった。このときの開発目標は，あくまで単機能プリンターであった。しかし，事業採算の見込みは一向に立たず，結局，同社から単機能機が発売されることはなかった。

それは，市場環境を見渡せば致し方ないものともいえる。1990年代半ばにおいて，キヤノンやエプソンはブラザーのさらにはるか先を走っていた。キヤノンのインクジェット累積生産台数は1994年に1000万台を超え，1996年には2000万台に達していた（松本・渡辺，2001）。HPやキヤノンの動きに遅れていたエプソンは，1993年3月に「MJ-500」を発売して反撃の足がかりを築くと，1994年6月に720dpiという高精細カラー機「MJ-700V2C」を発売した。当時は360dpiが主流であったため，同製品は7～9月の3カ月で7万5000台を売り切るほどの人気を博した。エプソンでプリンター事業を指揮していた花岡清二は，「やっぱりカラーで賭けていくしか，そこしか敵を攻めるポイントがなかった。我々としては，先駆者2人（HPとキヤノン）を攻めていくには，そこにピンポイントの攻撃をするしかなかったんです。」と述べている（藤原，2004）。

この時点で，キヤノンはまだモノクロ印刷にこだわっていた。1994年9月1日に投入した「BJC-400J」は，「カラープリンターのユーザーの多くは，実際には白黒で文字を印刷することが多い」という考えのもと，モノクロの印字速度を2倍に高めた製品である。同社はこの「BJC-400J」を全社的な重点商品として位置づけ，その販売を強く推進した。こうして，カラー機はエプソン，モノクロ機はキヤノン，というように市場は固まりつつあった。一方，HPは低価格を武器に戦略展開し，世界市場で大きなシェアを獲得していた。

（4）複合化：FAX資産の活用

1996年，単機能機の開発を断念したブラザーは，FAXとインクジェットの機能統合を目指し始める。その利点は2つあった。第一に，インクジェットをFAXに搭載すれば，FAXで蓄積した技術的資産とアメリカ市場の販売網と

いう2つの資産を同時に活用できた。第二に，FAX付きにすれば，先行する3社が競い合う印字精度や印字速度といった基本性能レベルでの競争に乗らずに差別化をねらえた。複合化によって，各基本性能レベルでの競争をぼやけさせることができたのである。スキャン機能を搭載するという複合化はプリンター市場で既に始まっていたものの，FAX機能の搭載はまだ珍しいものであった。

そもそもFAXは，スキャン機能，送信機能，印字機能といった複数の機能を備えた製品として解釈できる。ブラザーには，その印字機能部分を熱転写からレーザーに変えてきた歴史があった。彼らは，インクジェット開発をこの歴史の延長線上におき，FAXの印字機能をインクジェットにおきかえる試みとして，その開発を再定義したのだった。既にFAX技術は確立されていたため，印字機構としてインクジェットを搭載すること自体は，大した技術的障壁もなく進んだ。

ブラザーが複合化へ舵を切った直後，カラー機開発に注力していたエプソンが「PM-700C」を発売した。同製品は写真画質を実現したといわれて空前の大ヒットとなり，エプソンのカラリオ・シリーズが幕を開けた。印字速度のキヤノンと，印字精度のエプソンというようにいわれるようになり，各基本性能が注目を浴びていた。その中で，ブラザーは複合機の量産に向けた取り組みに注力していた。

翌1997年夏，ブラザーはFAX付きインクジェット複合機「MFC-7000FC」をアメリカ市場に投入した。ターゲットは，FAX事業で開拓したSOHOの顧客であった。価格は999ドル。ブラザーは，399ドルFAXの教訓を踏まえ，複合機でも低価格戦略を訴求したのだった。表1-2は，1997年12月時点における各社複合機の動向を示したものである。この表をみると，「MFC-7000FC」の価格がHPの「OfficeJet Pro」を下回っていることがわかる。

オフィスが狭いSOHOの顧客にとっては，省スペース化が重要なニーズであった。複合機が受け入れられたのも，そうしたニーズを捉えたからであった。この複合機がよりいっそう受け入れられるには，製品を小型化して省スペース化を実現することが重要だった。そして，インクジェット複合機を小型化する

第1章　製品統合による産業境界の引き直し

表1-2　アメリカ市場における主要複合機動向

(1997年12月1日時点)

社　名	HP			キヤノン		ブラザー工業
機種名	OfficeJet 590	OfficeJet 630	OfficeJet Pro 1150C	MultiPass C3000	MultiPass C5000	MFC-7000FC
解像度 (dpi)	600	600	600	720	720	720
印字速度 (ppm)	4	5	8	5	5	5
平均価格 (ドル)	554	632	872	441	536	796
同年8月からの価格変化 (%)	－10	n.a.	－11	－13	n.a.	n.a.

(出所)　*InfoWorld*（1998年3月9日号）.

には，まず，製品の高さを主に決めていたプリンター・ヘッドを薄く小さくする必要があった。

　ヘッドを薄型にするためにブラザーが採った方法のうち興味深いのは，ヘッドとカートリッジの関係を変えたことである。従来は，ヘッドとインク・カートリッジが一体化されていた。しかし，ヘッドの上にカートリッジを載せるため，プリンター本体は厚くなってしまう。そこで同社は，ヘッドとカートリッジを切り離してチューブでつなぎ，本体を薄型化したのであった。このチューブ方式は，もともとエプソンが採っていた方法である。しかし，コストが高くつくことから，これを一体化した背景があった。それは業界の常識でもあった。その意味で，ブラザーの採った道は，時計の針を戻すものだったともいえる。しかしSOHOの顧客に目標を定めるならば省スペース化は欠かせず，そのために本体の薄型化をねらうならばヘッドとカートリッジを切り離すしかない，というのが彼らの結論だった。

　2003年2月10日，ブラザーは新しいヘッドを搭載した「MFC-100」と「MFC-150CL」をマイミーオと名づけて発売する。その解像度は2400×1200dpiであり，他社の複合機と大きな差はない。しかし最も大きな特

徴は，本体の薄さにあった。同製品のサイズは 462（横幅）× 430（奥行き）× 160（高さ）ミリ，本体自体の高さでいえば 130 ミリと，従来機に比べて約半分にもなる薄型化を実現したのであった。マイミーオは好評を博し，その量産規模は従来の月産 5 万台から月産 10 万台をすぐに超え，FAX 付複合機市場で一時期 78％ ものシェアを獲得した。さらに同社は，給紙方法を背面給紙タイプからフロント給紙タイプへと改良し，製品の小型化を進めた。これらの新製品は，翌 2004 年から順次投入された。

　SOHO 市場の顧客をターゲットとしてきたブラザーは，2000 年代後半に入って「リビング複合機」というコンセプトを打ち出し始めた。FAX や電話機能がついたマイミーオはリビングでの使用例が比較的多く報告されていたことから，ホーム市場での展開を視野に入れ始めたのだった。

　このコンセプトで同社が訴求しているのは，「FAX の複合化」だという。ブラザーの公表情報に基づけば，2008 年度におけるプリンター国内市場規模は単機能機 150 万台，複合機 440 万台であるのに対し，FAX のそれは単機能機が 185 万台，複合機が 35 万台であり，複合機の割合が低い。同社は，複合化が進んでいるプリンターに対し，FAX は複合化が進んでおらず開拓余地が十分に残されていると見立て，FAX の複合化を訴求しているのである。

第 4 節　複合化の駆動力

（1）なぜ，リコーとブラザーだったのか

　ここまで記してきたとおり，リコーもブラザーもともに複合化を熱心に進めた企業として考えられる。では，なぜリコーとブラザーは事務機器の複合化を重点的に進めることができたのだろうか。

　その基本的理由として本節が注目するのは，①後発，②集権化，③企業ドメイン，という 3 点である。第一に，リコーもブラザーも業界の後発企業だった。リコーの場合は，FAX 市場で松下電送を追いかける後発企業であった。彼らは松下電送との差別化をねらい，いち早くデジタル化を進めた。複写機業界におけるリコーの参入自体は後発とはいえないけれども，競争上，富士ゼロック

スとキヤノンの後塵を少なからず拝していた。それがデジタル化の動機になっていた。そしてデジタル化を目指したリコーは，その利点を最大限に引き出すため，複合化へと展開したのであった。

　ブラザーの場合も同様である。同社の場合は，FAX のみならずインクジェットにおいても後発企業だった。特にインクジェットでは，他社より少なくとも 15 年遅く開発を始めていた。彼らがインクジェット開発を始めた時点で，キヤノンの累計生産台数は 100 万台を超えていた。印字精度や速度といった個別性能で競争しなければならない単機能機で市場に参入することは既に極めて難しく，それがブラザーに複合化を動機づけた。複合化によって，個別性能競争を回避できたからである。加えて，複合化すれば，FAX で蓄積した技術的資産および市場関連資産を同時利用できた。FAX 機能を統合したインクジェット複合機は，当時まだかなり珍しいものであった。

　これら 2 つの事例から明らかになることは，先行企業が率先して複合化を進めたというよりもむしろ，後発企業が複合化を積極的に進めたと考えられることである。おそらく，各単機能製品で強い競争力を保持している先行企業の場合，それぞれの製品を担当する各部門の力が非常に増すため，その機能統合が相対的に難しくなるのだと思われる。ただし，これは先行企業と後発企業を比較した場合の推論であって，後発企業には各機能を統合するための推進力が要らないというわけでは決してない。後発企業においても，複合化に向けた何らかの推進力が必要となるはずである。

　その推進力として本章が注目するのは，経営者である。個別事業でそれぞれ蓄えられている各機能を束ね，複合化するには，より上位に位置する統括者が必要であろう。おそらく，個別製品を担当するそれぞれの責任者レベルでは，こうした複数機能の統合を推進することは非常に難しいと思われる。なぜなら，個別事業の利益が優先されがちであり，複数の事業間で利害が対立しがちだと考えられるからである。すなわち，複数の機能を俯瞰して統合の意思決定をできるのは，経営陣のような上位者だと考えられるのである。

　さらに，分権的な意思決定構造を備えていると，たとえ経営陣が統合に向けた意思決定を考えたとしても，その遂行と実現には長い時間がかかると思われ

る。分権化によって権力を付与された各事業責任者が,経営者の意に沿って行動するとは限らないからである。したがって,強い経営者による集権的な体制が構築されているかどうかが複合化を率先して進める上でもうひとつの鍵になると考えられる。これが,本節で注目する2つめの点である。そこで次項では,両社がデジタル化および複合化を進めた時点での経営者を分析する。

(2) 製品統合と集権化

　両社がデジタル化と複合化を進めた際の経営者は,リコーの場合は浜田広,ブラザーの場合は安井義博である。彼らは,ともに強いリーダーシップをもつ人物だと考えられる。

　複写機の複合化の前提となるデジタル化を進めていた浜田は,「デジタル化の初期は利幅が薄いので,89〜93年までの5年間くらいは,利益の減らし続けです。」「営業赤字という状況にまで業績を落とした80％の理由は,イノベーション投資でした。デジタライゼーション,デジタル化へ向けてのね。」と振り返っている(藤原,2005a)。加えて,デジタル化には,国内の販売担当役員が強い反対の声を上げていた。アナログ複写機のほうが低コスト構造で,高い利益が出たからである。にもかかわらず,浜田はこれを押し切り,デジタル機の普及を強く推進した。これができたのは,浜田がこのとき新製品の販売許認可権を自らの手にしていたからである。浜田が強い力をもっていたことがうかがえる。

　安井の場合もまた同じである。もともとブラザーは安井家による同族企業であった。一般に,創業家社長は通常のサラリーマン社長に比べて強い統率力を発揮するといわれている。たしかに,21世紀委員会で安井は,よりゆるやかな改善案を提示した50代グループではなく,革新案を提示した30代グループ寄りの意思決定をしている。創業家社長としての強い決断だったと推測される。さらに安井は,21世紀委員会で結論づけた「情報通信機器事業への集中」を貫き,インクジェット・プロジェクトを粘り強く支えた。カラー複写機が開発されていた時点から,複写機よりプリンターが先ではないかと考えていたという記述(安井,2003)からもそれがわかる。

これら2人の強いリーダーシップは，その社長在任期間によっても確認できる。浜田の在任期間は，1983年度から1995年度までの13年間である。安井の在任期間は，1989年度から2002年度までの14年間である。どちらも，日本企業の平均像からかけ離れた非常に長い在任期間である。例えば田中・守島（2004）は，1990年時点で社長だった194名の平均社長任期を9年弱と報告している。つまり浜田も安井も，強い統率力で非常に長い期間にわたって，経営に携わったのだった。複合化に当たって事業間の利害対立が仮に起きていたとしても，それを抑えられる力を彼らは十分にもっていたと推測される。

　リコーとブラザーに共通してさらに興味深いことは，こうした長任期が，経営者のみならず，複合化の責任者にも及んでいるところにある。リコーの場合，紙本治男が挙げられる。浜田の任期中における紙本の役割をみると，複写機を担うRP事業本部長，画像システム本部長，画像システム事業セクター担当となっている。これらは，いずれも複写機の複合化を俯瞰して束ねる立場である。そして彼は，浜田の社長就任前から経営陣の一角として全社レベルでの意思決定に関わっていた。

　ブラザーの場合も同様に，複合化を支えてきたと思われる人物として渡辺共祥と菅原徹明を挙げることができる。渡辺は情報機器事業部長として，菅原は画像システム事業部長としてそれぞれ長く事業責任者となっていた人物である。渡辺は，取締役に着任する前の1985年に既に情報機器第一事業部長としてプリンター事業の旗を振っていた。安井が社長に就任する前から経営陣に属してもいた。これらのことから，リコーもブラザーも，経営者だけでなく事業責任者も含めた集権的な体制をしたがえて，事務機器の複合化を進めたことがわかる。

　少し逆説的な推論であるけれども，彼らがこれほどまでに集権化できた背景には，どちらも在任期間中に経営危機を迎えていたことが理由としてあったのかもしれない。リコーは1991年度，ブラザーは1992年度にそれぞれ初の赤字を計上している。通常，経営危機に陥った場合には社長交代圧力が働く可能性があると思われる。しかし，両者の場合はそこで退任することなく，業績回復に向けた改革を進めた。むしろ，経営危機を機に，両者はよりいっそう統率力

を強めた形跡すらある。浜田はこの機に新製品の販売許認可権を自らの手に集約させ，安井は情報機器への資源集中を断行したからである。経営危機とそれにともなう集権化が，デジタル化とそれにともなう製品統合に向けた行動をいっそう強く推進させたことが考えられる。

（3）企業ドメイン

　集権化された後発企業であったリコーとブラザーは，先行企業への巻き返しをねらい，強い統率力と集権体制でデジタル化と複合化を進めた。しかしこれだけでなく，組織が複合化に向けて動き出すよう，両社がうまく企業ドメインを設定していたことも第三の点として考えられる。これは特にリコーの事例に顕著に確認できる。リコーにおいて複写機がデジタル化と複合化を果たす上で重要だったキーワードは，IPS である。

　リコーの業績回復を直接支えたのはデジタル複写機だった。1992 年には彼らは「複写本流」と銘打っていた。しかしリコーは，複写機だけのデジタル化をねらい撃ちしたわけではない。リコーが目指したのは，＜複写機のデジタル化＞ではなく，IPS というコンセプトに基づく＜画像処理のデジタル化＞だった。実際に浜田は「ウチがやっているのは全部画像処理ですからね。リコーは複写機そのものというよりも画像処理でお客様の役に立っている」と言い切っている（藤原，2005a）。＜画像の処理＞という視点をとった浜田は，リコーの企業ドメインを IPS という言葉でくくった。これに対しドキュメント・カンパニーと名乗った富士ゼロックスは，自社の企業活動の役割を文書の処理，より踏み込んでいえば＜文字の処理＞として解釈していたと考えられる。

　画像を処理するのか，文字を処理するのか。たった 2 文字の言葉の違いではあるが，この選択の差は無視すべきではないだろう。企業ドメインを＜文字の処理＞として捉えると，デジタル化を期待するのはとたんに難しくなるからである。画像を処理しようとするからこそアナログ式の技術的問題が顕著に浮かび上がるのである。文字の処理では，アナログ式の問題を痛感する可能性は低い。となればデジタル化に本腰は入らない。富士ゼロックスがデジタル化でリコーの後塵を拝した原点は，企業ドメインをどのように定義するか，というそ

もそもの着想にあったのではないだろうか。

　リコーは今日において，複写機に限らずほとんどすべての製品がデジタル機である。複写機のデジタル化ではなく画像処理のデジタル化と表現したことが，全事業でのデジタル化の推進につながったのだろう。ちなみに市場シェア自体はきわめて小さいものの，カメラも画像処理であり，リコーはデジカメ開発をかなり早い段階から進めていた。日本初のデジカメ発売の座はカシオに譲ったものの，二番手にはリコーが座っている。複写機のデジタル化の背後には，画像処理のデジタル化という全事業横断的な旗振りがあった。その最大の受益者が複写機だったのである。

第5節　産業境界の流動化現象の解明に向けて

　本章の目的は，企業がデジタル化を通じて製品機能を統合していくプロセスを明らかにし，産業境界が引き直されるプロセスを記すことであった。本章冒頭で論じたように，デジタル化による製品統合には，①記録媒体の内蔵化による統合および，②相互依存性の発現による複数機能の統合，そして③相互依存性の発現によるネットワーク的統合，という3つの現象が挙げられる。これらのうち，本章では2つめのプロセスを分析した。具体的には，事務機器業界においてFAX，複写機，そしてプリンターといった3つの機能がどのように統合されたのか，ということを各企業行動に注目して明らかにしてきたのである。

　本章の主張は大きく2つである。第一に，ICTに関する研究は，とかく技術自体の内容に目が行きがちな領域であるけれども，本章で記したように，企業がどのように技術を捉え，自らの戦略と適合するように利用するのかを分析することが重要だということである。リコーの場合ではデジタル化に先鞭を付けて競争優位を構築することをねらっており，ブラザーの場合ではデジタル化を下地として複合化を進めていた。ICTに関する分析では，技術が企業行動を規定するという前提を暗黙的においているものも少なくないと思われるけれども，ICTイノベーションは新技術の登場をもって完結するものではなく，人々による利活用のプロセスをともなって初めてイノベーションとなる。本章

では，分析の時間軸を 1970 年代から長くとり，デジタル化と複合化がどのように進んだのかを企業行動に注目して明らかにした。

　第二に，既存製品がそれぞれに事業展開している中で，それら複数の製品の統合を貫徹するには，強い推進力が必要となる。なぜなら，製品の統合過程においては，それぞれの製品部門の利害を代表する責任者同士の間で強い軋轢が生じる可能性が高いからである。事実，松下電器や松下電送が複写機の複合化で後塵を拝したのは，部門間の対立によるところが大きかったともいわれている。したがって，製品を統合する過程においてはその双方を俯瞰できる責任者，究極的には経営者の力量が問われることになると考えられる。事実，リコーおよびブラザーの事例において確認してきたように，その製品統合過程では経営者が強い統率力を示し，集権化を強めていた。このようにして製品統合に向けた戦略の一貫性を保ったと考えられる。

　今後の分析課題は，以下のとおりである。まず，事務機器をよりいっそう俯瞰した統合過程の分析が必要である。具体的には，レーザー・プリンターやスキャナーの動向までをも含めた包括的議論が今後重要だと思われる。もちろん，ICT 化を通じた産業境界の流動化という現象は，事務機器だけに限った現象ではない。テレビとパソコン，ゲーム機と携帯電話といった世界でもその境界線は曖昧になってきている。今後はよりいっそう幅広く，産業境界の流動化現象に目を向けていく必要があろう。

　次に，製品を統合していく過程で，組織内にどのような軋轢が生まれ，それをどのように解決していくのか，といった点についてより精緻な観察と分析が求められる。本章では経営者に注目してその論理を示したけれども，それのみならず，一体どのような組織プロセスがあったのか。これらは，今後明らかにしていくべき重要な研究課題である。

注

(1) 『日経ビジネス』1992 年 2 月 24 日号，57 頁。
(2) 『日経ビジネス』2002 年 8 月 19 日号，45 頁。
(3) 『日経産業新聞』1992 年 6 月 19 日。

第 1 章　製品統合による産業境界の引き直し

(4)　『日経ビジネス』2003 年 10 月 13 日号，24 頁。
(5)　ブラザー新製品発表会，2009 年 9 月 3 日。

参考文献

InfoWorld（1998 年 3 月 9 日号）．
OA ライフ（1995）『デジタル複写機のすべて 1996 年版』。
太田徳也（2006）「プリントヘッド技術——ピエゾ方式」『インクジェット技術のエレクトロニクス応用』リアライズ理工センター，35-45 頁。
大原亨（2009）「成熟企業における事業転換プロセス——ブラザー工業の事業転換の事例による」『一橋研究』第 34 巻 1 号，1-17 頁。
キヤノン史編集委員会編（1987）『キヤノン史——技術と製品の五十年』。
経済界「ポケット社史」編集委員会編（1989）『リコー』経済界。
電子情報技術産業協会『プリンタに関する調査報告書』各年版。
電子情報技術産業協会『プリンターに関する調査報告書』各年版。
田中一弘・守島基博（2004）「戦後日本の経営者群像」『一橋ビジネスレビュー』第 52 巻 2 号，30-48 頁。
『日経ビジネス』各号。
富士ゼロックス社史編纂委員会編（1994）『富士ゼロックスの歴史 1962〜1992——The Document Company』。
藤原雅俊（2004）「セイコーエプソン——生産技術が事業展開をドライブする」伊丹敬之・西野和美編『ケースブック経営戦略の論理』日本経済新聞社，213-246 頁。
藤原雅俊（2005a）「リコー——デジタル化時代を先取りした浜田広」三品和広編『経営は十年にして成らず』東洋経済新報社，15-71 頁。
藤原雅俊（2005b）「多角化企業の技術転換能力と経営体制——リコーの複写機事業における技術転換プロセス」『日本経営学会誌』第 14 号，67-81 頁。
ブラザー工業株式会社（2009）『ブラザーの「1 世紀」——ともに歩んだ 100 年の軌跡』。
街風隆雄（2009）「近藤史朗」『プレジデント』2009 年 8 月 31 日号。
松本清文・渡辺千仭（2001）「キヤノンの技術革新に見る技術のスピルオーバー——技術 DNA の伝播」研究・技術計画学会年次学術大会講演要旨集，444-447 頁。
安井義博（2003）『ブラザーの再生と進化——価値創造へのあくなき挑戦』生産性出版。
矢野経済研究所『日本マーケットシェア事典』各年版。
リコー社史編集委員会編（1996）『IPS への道——リコー六十年技術史』。
リコー創立五十周年記念事業実行委員会（1986）『リコー五十年のあゆみ』。

（藤原雅俊）

第2章
ネットワーク化とビジネスモデルの変更
——病院と医療機器メーカーの事例——

第1節　ICT化がもたらす影響の範囲

　ICTを導入することによって,組織は様々な影響を受ける。ICTの導入は,組織内部における情報伝達の方法や内容を変化させ,メンバー同士の協働のスタイルや業務の調整のあり方に影響をもたらすためである。これは,ICTの利用が業務活動のパターンであるルーティンを変化させ,組織に様々な変化をもたらすともいいかえることができる。このように情報技術の導入は,組織のあらゆるレベルに様々な形で影響を及ぼすため(Banker and Kauffman, 2004),ICT化がもたらす組織への影響について多様な先行研究の成果が蓄積されている。例えば,Davenport(1993)はICT化がもたらす組織への正の影響を表2-1のようにまとめている。表2-1では,ICTを組織に導入することによって,業務プロセスの効率化や意思決定の改善が促されるなど,様々な要素を挙げてその影響を表していることが理解できる。

　Davenport(1993)の例であったように,ICTの導入効果に関する既存研究を検討すると導入先の組織への影響を扱ったものがほとんどである。だが,ICT化の影響が及ぶ範囲は,導入先の組織だけではない場合がある。時間軸を長期にとって現象をみてみると,ICT化がまず導入先の組織に影響を与える。次に,その影響がもたらす変化に,外部の組織が対応していくケースがある。外部の組織からみると,関係する組織にICTが導入され何らかの変化が生じることは外部環境の変化と捉えられるため,外部の組織の対応は環境への適応とも捉えることができる。では,ICT化は導入先の組織に影響を与えた後,外部組織に対して,どのようなプロセスを通じてどのような変化をもたら

表2-1　ICTの組織プロセスへの影響

ICTの特徴	内容
自動的	プロセスから人的労働を除去
情報的	プロセスを把握するために，プロセス情報を採取する
順序的	プロセスの順序を変更したり，並行処理を可能にする
追跡的	プロセスの状況とプロセスの対象をつぶさに監視
分析的	情報の分析と意思決定を改善
地理的	地理的に離れたプロセス間を調整
統合的	職務とプロセスを調整
知識的	知的資産を獲得し利用できるように
直接的	プロセスから媒介物を除去

（出所）　Davenport（1993）をもとに一部筆者改訂。

すのだろうか。これが本章における問題意識である。本章は，新しいICTの導入を起因とする組織内への影響と，その影響が外部の組織に波及していく一連のプロセスを検討することを目的とする。

　本章の分析対象は，病院と医療機器メーカーである。近年，補助金などに代表される政府の援助のもと，病院には複数の情報システムが導入されている。病院における情報の電子化（デジタル化）が避けられない中，ICTの導入によって病院にどのような影響がもたらされ，それが病院の取引先である医療機器メーカーの戦略やビジネスモデルにどのように波及していくのか，というのが本章の具体的な内容になる。その際，ICTが導入される組織は病院であり，その影響を受ける外部の組織は医療機器メーカーが該当する。

　本章の構成は以下の通りである。次の第2節では，ビジネスモデルに関連する文献レビューを行う。ビジネスモデルという語句を説明した後に，本章の内容との関連性について触れる。第3節では，病院に導入される情報システム（医療情報システム）の歴史や現状について述べる。特に本章で焦点を当てる電子カルテについて詳しく取り上げる。第4節，第5節では，電子カルテの導入が病院に与える影響，および，その影響が外部の組織である医療機器メーカーにどのような波及効果をもたらしたのかについて記述する。最後の第6節で結論を述べる。

第Ⅰ部　産業と企業行動の変革

第2節　ビジネスモデル

　本節では，ビジネスモデルについて文献を整理し，本章との関連性について記述する。後述するように，ICTが導入された病院の影響を間接的に受けた医療機器メーカーは，戦略やビジネスモデルを変更することになる。医療機器メーカーはどのような状況の下でビジネスモデルを変更したのか，ということを文献レビューによって明らかにするのが本節での目的である。

（1）ビジネスモデルの定義

　ビジネスモデルという言葉は頻繁に利用されているが，統一した定義が決まっていない概念である[1]。例えば，根来（2005）によると，ビジネスモデルは個別企業の事業構造に関する設計図であり，どういう顧客にどのような製品を提供するかという戦略モデル，戦略モデルを実現するオペレーションの基本構造であるオペレーションモデル，事業活動の利益をどう確保するのかという収益モデルの3つの要素を含むとしている。また國領（1999）は，ビジネスモデルについて，①誰にどのような価値を提供するか，②そのための経営資源をどのように組み合わせ，どのように資源を調達するか，③パートナーや顧客とのコミュニケーションをどのように行い，④いかなる流通経路と価格体系のもとで届けるか，という設計思想だとしている。さらに，Johnson, Christensen and Kagermann（2008）によると，ビジネスモデルとは，顧客に対して価値の創造と提供を行うために次の3要素を組み合わせたものである。それは，①収益モデルやコスト構造などから構成される利益創出のための青写真（Profit Formura：利益方程式），②事業活動のカギとなる業務プロセス，③顧客価値を提供するために重要な経営資源である。

　このようにビジネスモデルの意味する内容は論者によって異なる。一方で，顧客に対して価値を提供するために，自社のオペレーションと経営資源の組み合わせを重視している点に共通点がある。以上より，本章では次のようにビジネスモデルを定義する。ビジネスモデルとは，「顧客に価値を提供するための

事業を行うしくみ」である。しくみは，自社活動であるオペレーションとそのために必要な経営資源が結びついて構成されている。さらに，しくみという言葉は，一度限りのサイクルではなく繰り返される活動のパターンとしての意味をもっている。これらのしくみを通じて企業は収益を得ているので，一般にビジネスモデルの意味で用いられる「収益モデル」という内容はしくみの中に含まれている。例えば，新古書や古書を販売するブックオフ社のビジネスモデルは「定価の1割で買って半額で売る」と表現されることがあるが，これは収益モデルを表している。ブックオフの場合，素人でも可能な仕入れ方法と販売方法，低賃金のアルバイトや若手社員の活用，多店舗展開に代表されるオペレーションとその活動を支えるブランドや店舗などの経営資源の組み合わせがビジネスモデルに該当する。このように本章ではビジネスモデルの中に収益モデルだけでなく事業活動とその背後にある経営資源まで範囲に入れる。本章では，ビジネスモデルの設計要素として次の4点を挙げることにする。①誰にどのような価値を提供するか，②どの活動を自社で担当するのか（どの活動を他社に任せるのか），③経営資源をどこから手に入れるのか，④それぞれの活動をどのように行い，どのように組み合わせるのか（統合するのか），である。

（2）ビジネスモデル研究と本章の関連性

　ビジネスモデルを扱った既存研究の主な関心は，ある業界内における企業の競争優位性を説明することにある。特に躍進している企業やベンチャー企業を取り上げながら，新しいビジネスモデルについて検討したものが多い。例えば，iPodという携帯音楽機器自体にあまり新しい技術は存在しないが，音楽配信サービスであるiTunesも含めた総合的なビジネスのしくみによってアップル社は大きな利益を獲得している（Johnson, Christensen and Kagermann, 2008）。他の例では，サウスウエスト航空のビジネスモデルも有名である（Yoffie and Kwak, 2001）。サウスウエスト航空は，複数の種類の飛行機が必要な国際線にあえて参入せずに国内線のみに事業を特化しており，保有する機体はボーイング737のみ約500機である。1機種しか保有しないことは経営資源上で劣位にあると思われがちだが，メンテナンスコストが大幅に節約できる。これに加え

て，機内食，指定席，手荷物転送などのサービスをすべて廃止することによって，低価格サービスでの事業活動を可能にしている。これらの例のように，ビジネスモデル研究は，直接顧客が享受する製品やサービスのみならず，その背後にある事業を行うしくみを解明することを通じて競争優位の獲得についての説明力を高めることに主眼をおいているといえる。では，どのような状況の下で，新しいビジネスモデルが必要とされるのだろうか。

　Johnson, Christensen and Kagermann（2008）によると，新しいビジネスモデルは次の5つの状況の下で必要になる。①既存の企業が提供するソリューションのレベルが顧客の要求水準よりも高すぎたり複雑すぎたりするため，市場からはみだしている潜在顧客のニーズに対応できていない状況，②既存技術を活用して新しいビジネスモデルを提供するチャンスがある状況，③業界内の競争次元とは異なる次元をもち込めるチャンスがある状況，④価格破壊者に対抗しなければならない状況，⑤競争基盤の転換に対応する必要性がある状況。①は，従来製品とは異なる新しい価値を生み出す破壊的イノベーションが優勢になっていく状況である（Christensen, 1997）。米国ハードディスク業界の歴史によれば，シェアを多く獲得する主要な企業が，漸進的な技術である次世代型のHDDの登場のたびに入れ替わる例がみられた。これは，既存顧客のニーズが高性能化と低価格化にあったため，潜在的なニーズを有する小型化を特徴とする次世代ハードディスクの開発が後回しにされてしまったためであることが明らかにされている。この状況下で，潜在顧客のニーズに焦点を当てた新規参入企業が，新たなビジネスモデルを通じて飛躍した。②は冒頭のiPodの例が当てはまるだろう。③はパソコンを販売するデル社の直接販売と注文販売（Built To Order）が該当する。当時，卸や小売店を通じた間接販売と見込み生産が主流のパソコン業界において，デルはビジネスモデルを通じた異なる次元の競争をIBM社やコンパック社にしかけて大きな成果をあげたといえる。④はユニクロ社のような企業が躍進してきた際に，既存のアパレルメーカーの立場を思い浮かべれば理解しやすい。業界内における新たな競争圧力に対抗するため，既存企業がビジネスモデルを変化しなければならない状況といえる。⑤は様々な例が考えられるが，有名なものとしては1981年頃にIBM社がパソコンの製

品アーキテクチャをオープンにしてしまい，パソコン業界は1社で行う垂直統合型から構成部品ごとの水平分業体制に変化したことが挙げられる。このように競争基盤が転換したことによって，構成部品を専業にする企業が新たなビジネスモデルを用いて台頭することになった。

　これら5つの状況のうち，本章における医療機器メーカーに該当するのは，⑤の競争基盤の転換に対応する必要性である。後述するように，新しいICTとして電子カルテが病院に導入され，院内の情報システムがネットワーク化されることによって，医療機器メーカーに対する病院のニーズが大きく変化することになる。このような競争基盤の転換に対して，医療機器メーカーが戦略やビジネスモデルをどのように対応させていくのか，という形で本章の内容は位置づけることができる。次節では，病院に導入されてきた情報システム（医療情報システム）を歴史を追いながら概観し，本章に関わるICTである電子カルテについて詳しく述べることにする。

第3節　医療情報システム

（1）医療情報システムの歴史

　病院に導入されている医療情報システムの歴史は約35年である。その歴史を大まかに振り返ると，次の3つの期間に分類することができる。まず1975〜1985年の第1期では，医事会計システムが盛んに導入された。医事会計システムとは，患者への医療行為，薬品，診療材料にかかった費用を計算するためのシステムである。病院は提供した医療行為を定められた診療報酬点数（1点＝10円）におきかえて患者と保険機構のそれぞれに請求するが，この計算は患者ごとに異なっていて非常に複雑であり，請求が漏れてしまうケースが多くみられた。以前の紙情報をもとにした計算方式と比べると，医事会計システムが導入されることによって，業務の効率化や請求の確実性が大幅に向上することになった。

　つづく1985〜1999年の第2期には，診療支援に関わる様々な情報システムが導入されることになる。診療支援の面で一番大きな影響を与える情報システ

ムとして，医師が院内の様々なメンバーに指示を出すために用いるオーダリングシステムを挙げることができる。オーダリングシステムとは，医師が他のスタッフに処方や検査を指示する際に用いる伝票をシステム化したものであり，その処置情報は医師が直接入力する。このオーダリングシステムによって，医師の指示は瞬時に各部門に伝達されるようになり，看護師やコメディカルなどの他の部門のメンバーが，読みづらいとされる手書きの指示を解読したり書き写したりする行為が必要なくなった。さらにオーダリングシステムと医事会計システムを連結させることにより，医師が指示する処方，検査，調剤にいたるまでの一連の費用を連続的に会計処理することが可能になった。その他の診療支援に関わる情報システムとしては，CT（Computed Tomography：コンピュータ断層撮影装置），CR（Computed Radiography：コンピュータX線撮影装置），MRI（Magnetic Resonance Imaging：磁気共鳴診断装置）といった画像撮影装置から受信した画像データを保管，閲覧，管理することを目的とした画像保存通信システム（PACS：Picture Archiving and Communication Systems）や生理，薬剤，看護などの各部門のそれぞれに業務支援を目的とした情報システムが存在する。

最後に1999年から現在までの第3期では，1999年4月に厚生労働省の3局長通知によりカルテの電子化が実質上認められ，電子カルテが病院に導入されるようになった。電子カルテとは，これまで紙で記されていた患者に関わる医療情報を電子媒体の利用によって記録，保存，運用するシステムである。たいていの場合，電子カルテとこれまでに導入された情報システムは連結され，それらは全体として1つの情報システムとして運用されている。すなわち，第2期に進められたオーダリングシステムと医事会計システムとの連結に加えて，他の情報システムとの連結がいっそう促進され，院内のすべての医療情報システムがネットワーク化されたといえる。このネットワーク化が病院内にもたらす影響の一例を挙げると，医師や看護師は電子カルテの画面を通じて，検査室で撮影された患者の画像データや集中治療室（ICU：Intensive Care Unit）にいる患者の心拍数や血圧値を異なる場所から確認することが可能になった。

こうして複数の情報システムが存在する病院内では，電子カルテとオーダリ

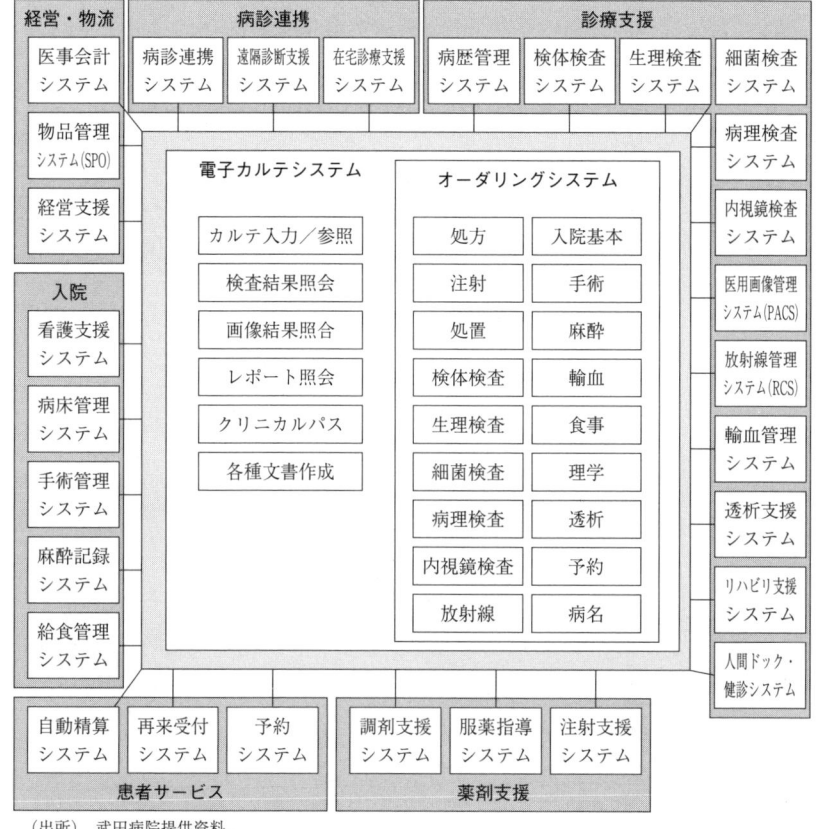

第2章　ネットワーク化とビジネスモデルの変更

図2-1　医療情報システムの概要

経営・物流	病診連携			診療支援			
医事会計システム	病診連携システム	遠隔診断支援システム	在宅診療支援システム	病歴管理システム	検体検査システム	生理検査システム	細菌検査システム
物品管理システム(SPO)							病理検査システム
経営支援システム		電子カルテシステム		オーダリングシステム			内視鏡検査システム

電子カルテシステム
- カルテ入力／参照
- 検査結果照会
- 画像結果照合
- レポート照会
- クリニカルパス
- 各種文書作成

オーダリングシステム
- 処方／入院基本
- 注射／手術
- 処置／麻酔
- 検体検査／輸血
- 生理検査／食事
- 細菌検査／理学
- 病理検査／透析
- 内視鏡検査／予約
- 放射線／病名

入院
- 看護支援システム
- 病床管理システム
- 手術管理システム
- 麻酔記録システム
- 給食管理システム

医用画像管理システム(PACS)
放射線管理システム(RCS)
輸血管理システム
透析支援システム
リハビリ支援システム
人間ドック・健診システム

患者サービス
- 自動精算システム
- 再来受付システム
- 予約システム

薬剤支援
- 調剤支援システム
- 服薬指導システム
- 注射支援システム

（出所）　武田病院提供資料。

ングシステムの2つをベースシステムにしながら，様々な情報システムが連結されネットワーク化が実現されている。ここで，ベースシステム以外の情報システムは，部門システム（サブシステム）と一般的に呼ばれる。これら病院内における医療情報システムの関係性を示したものが，図2-1である。

本章では，1999年から現在までの第3期に焦点を当て，新たなICTとして電子カルテを取り上げる。そこで，次節では電子カルテの概要についてふれていくことにするが，その前にJAHIS（保健医療福祉情報システム工業会）による電子カルテの定義について確認しておこう。JAHISによると，電子カルテは

扱う情報の範囲によって5段階に分類することができる。それぞれ述べると，レベル1は「部門内において電子化された患者情報を扱う」，レベル2は「部門間をまたがる電子化された患者情報を扱う」，レベル3は「一医療機関内の（ほとんどの）患者情報を扱う」，レベル4は「複数の医療機関をまたがる患者情報を扱う」，レベル5は「医療情報のみならず保健福祉情報も扱う」である。本章における電子カルテは，一医療機関内における情報システムを統合してほぼすべての患者情報を扱えるものであると同時に，グループ病院間で情報を共有しているので，この定義におけるレベル3に該当する。[3]

（2）わが国における電子カルテの状況

　電子カルテの普及に向けて厚生労働省が具体的な方針をはじめて示したのは，2001年における「保健医療分野の情報化にむけてのグランドデザイン」の策定・公表においてである。政府が電子カルテの導入を推進する理由としては，病院におけるサービスの質の向上や低コスト化の実現といったものから，診療所や他の病院との地域連携の推進まで様々なものがある。「保健医療分野の情報化にむけてのグランドデザイン」では2006年までの達成目標として，診療所と400床以上の病院の6割以上に電子カルテを導入し，病院レセプトの7割以上を電算化するといった具体的な数値が定められ実施計画が示された（1床とは1ベッドのこと）。さらに普及を後押しするための補助金として，最大でシステム構築費の半額を補助することが決定された（500床以上の病院だと上限は4億8000万円）。つづく2006年には保険点数を付与する政策がとられている。こうした普及のための政策が設けられているにもかかわらず，電子カルテの普及状況はあまり進んではいない。その状況を図2-2で確認すると，累積導入件数は年々上がってはいるものの，2009年の導入率は病院で12.5％，診療所で11.2％であり，「保健医療分野の情報化にむけてのグランドデザイン」で掲げられた達成目標にはまだまだ届いてはいない。

　なぜわが国で電子カルテの導入が進んでいないのだろうか。その理由の1つとして，電子カルテの導入費用が高いことを挙げることができる。電子カルテの導入には，初期費用で1床当たり100～200万円もの金額がかかり，200床

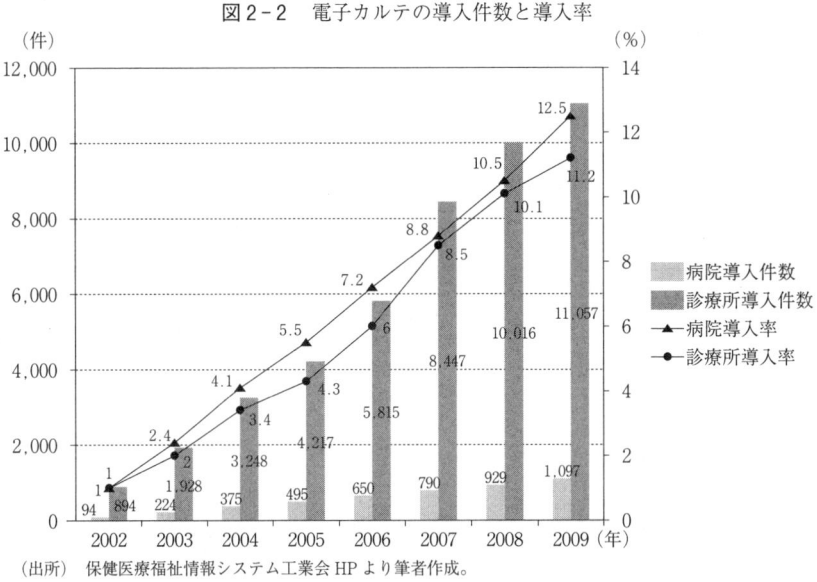

第2章　ネットワーク化とビジネスモデルの変更

図2-2　電子カルテの導入件数と導入率

年	病院導入件数	診療所導入件数	病院導入率(%)	診療所導入率(%)
2002	94	894	1	1
2003	224	1,928	2.4	2
2004	375	3,248	4.1	3.4
2005	495	4,217	5.5	4.3
2006	650	5,815	7.2	6
2007	790	8,447	8.8	8.5
2008	929	10,016	10.5	10.1
2009	1,097	11,057	12.5	11.2

（出所）保健医療福祉情報システム工業会HPより筆者作成。

規模の中小病院で約2億円，500床規模の大病院になると約10億円が必要になる。さらに，保守，メンテナンスなどの費用も初期費用とは別途に支出しなければならない。この費用面での支出が普及のネックになっている。

さらに，全国公私病院連盟（2011）の調査によると，病院の収支状況は調査対象の1134病院のうち60.6％が赤字を計上している状況である。病院の種別ごとにみると，自治体病院579病院のうち85.0％，その他の公的病院では248病院のうち32.7％，私立病院では307病院のうち37.1％が赤字であり，病院経営の観点からみて電子カルテという新たなICTに投資する余裕がないことが推察される。現状の経営が苦しいという状況に加えて，収入を直接生み出すことのない高価な情報システムにかける費用を捻出することはなかなか困難なようである。

第4節　電子カルテが病院に与える影響

　前節では、電子カルテの導入状況が現在のところ進んでいないことを確認した。だが、電子カルテを導入し、うまく活用できた場合、病院は大きなメリットを享受することができる。以下では、電子カルテの導入に成功し、質の高い医療と経営の効率化を達成した病院の事例を通じてその効果を確認していく。[4]

（1）電子カルテが病院にもたらした影響

　新しいICTである電子カルテの導入効果の事例で取り上げるのは、京都市に立地する洛和会音羽病院である（以後、音羽病院）。音羽病院は京都市最大規模の病床数（698床）を有しており、急性期から慢性期まで幅広い患者をカバーできる体制を整えている。音羽病院が電子カルテとオーダリングシステムの導入前に抱えていた問題は、外来患者の増加にオペレーションが対応できないことであった。外来患者に対する一連の診療プロセス（受付、診察選定・指示、医師の診療、検査、調剤、請求・会計にいたる流れ）とカルテの流れ（バッチ処理でまとめてカルテ室で探す、カルテを運ぶ、転記）が同期化されていなかったことが一番の原因である。カルテのバッチ処理とは、10人ほどの受付申し込みがあってはじめて、看護師がカルテ室に患者のカルテを探しに行き、医師にそれを手渡す作業のことである。受付を行う患者はまちまちの時間に来院するため、バッチ処理の定数に満たない間は、診療の流れに乗ることはなく待ち時間が生じてしまう。

　上記の内容は、患者の流れと情報（カルテや医師の指示）の流れの間にズレが生じ、診療における一つ一つの工程間が非連続になって、時間のムダをもたらしたといいかえられる。この時間のムダは、診察が可能な患者数の制約や患者の待ち時間の長期化を招いていた。この課題を解決するため、2001年度に音羽病院はベースシステムである電子カルテとオーダリングシステムを同時に導入した。以下では、その導入効果を個別に記述していく。

　①オペレーションの円滑化と迅速化

カルテを電子化することによって，各メンバーの作業工数が減少し，診療におけるオペレーションが簡素化した。それによって，情報と人（外来患者）との流れをほぼ同期化させることに成功した。受付での本人確認と同時に，診察室にいる医者のPC画面で患者情報を表示できるため，最も時間がかかっていたカルテのバッチ処理がなくなり，患者の待ち時間の短縮と診察可能な患者数の増加につながった。同病院は予約制を採用することによって外来患者の平均待ち時間を2時間から70分に短縮したが，導入後はさらに約35分まで短縮した。さらに，請求書作成が自動化されることにより，診察完了後の平均待ち時間が以前の34分から3分に短縮される効果を上げた。これらのオペレーションの効率化によって診察可能な患者が増え，結果として収入の増加につながっている。

②機能部門スタッフのタスク

医師，看護師，コメディカルなどの機能部門の各スタッフの工数が減少した。全体の工数の変化をみると，外来の場合，導入前38工程だったのが14工程まで短縮され，紙カルテの時と比べて24工程が削減できた。入院患者の場合，18工程から12工程に短縮された。医師の場合，カルテの入力作業により1つ工数が増加しているがそれほど負担になるものではなく，時間面で大きな節約効果があった。

看護師の場合，カルテの検索，搬送，記載，転記など紙カルテ時代に行っていたタスクがなくなり，患者に関わる業務に集中できるようになった。患者のケアに集中できる分だけ，質のよいサービスを提供できるようになる。また，ノートパソコンの無線LANを通じて院内の場所を問わず，カルテを手元に呼び出せるようになった。そのカルテには部門システムにおけるデータも記載されており，ナースセンター内だけではなく患者のベッドの傍で，正確な処置やサービスの提供が可能になった。

会計などの事務員の場合，タスクが簡素化・標準化され業務推進能力が向上した。医師がオーダリングシステムを用いて指示する検査や処方などが，会計システムと連動することによって，複雑な診療報酬の計算を容易にした。

③病院組織と組織管理

手書きによる直接的な記入作業がなくなったため，転記ミスや読み間違いなどの初歩的なミスを回避できるようになった。例えば，導入前後における医療過誤発生件数をみると，1万処方当たりの誤薬が2000年に1.10件だったが，導入後の2001年には0.50件と半分以下に減少した。さらに，診療に携わる病院内のメンバーが自由にデータにアクセスできる情報のオープン性によって，カルテは「医師のみのもの」から「メンバーに共有された情報」として媒体の意味が変化した。他者に見られる可能性があることから医師の意識が変わり，カルテに詳細な情報を明確に記録するようになった。

　また，業務の標準化により，看護師や事務職の業務推進能力が向上し，それにより収入が増加した。例えば，導入前後における看護師の業務推進能力を比較してみると，従来は業務内容に慣れるまで約1カ月程度要したが，導入後は約1週間以内で業務能力が安定するようになった。他には，カルテの転記ミスや読み間違えの解消により，全体医療費の2〜3％を占めていた請求漏れと未徴収医療費を回収することが可能になった。

④患者と地域社会

　導入による効果は，前述したような院内に関するものだけでなく，患者や地域社会に与えるインパクトも大きなものがある。

　第一に，患者の金銭・時間的負担の減少である。紙カルテと異なり，診療情報が時間順に順次記録されていく。紙カルテの時は，診療科ごとに記載されるページが異なっていたのだが，導入後は現在の担当医師が他科の専門医の診察記録を簡単に確認することができる。それによって，患者の病歴，検査事項，患者の特徴・特性が多面的・総合的に確認できるようになった。また，以前の検査結果やデータの再利用が容易にできる。これは，患者にとって二重検査による金銭・時間的負担の軽減を可能にする。

　第二に，患者への説明能力と顧客満足度の向上である。情報システムの特性上，パソコン画面に表示されたカルテを患者に見せながら説明できるため，理解しやすく安心感を与えられる。医師と患者とのコミュニケーション・ツールとして電子カルテが使用されているといえる。近年，他院や別の診療科に在籍する医師に主治医以外の意見（セカンドオピニオン）を求める場合が多くなっ

ているが，自分のカルテを他の医師が参照しやすくなることにもつながっている。

　第三に，地域医療機関との連携が容易になる。生活習慣病など長期治療を必要とする患者の増加にともなって，長期的な観察・リハビリが必要になる場合が多い。このようなニーズに対応して，患者が通いやすい病院や診療所を紹介する。同時に，ICTを用いて他機関と患者情報を共有することで，地域社会の観点からの医療体制の構築が可能になる。

（2）ICT導入による病院内への効果のまとめ

　新たなICTの導入効果をもたらした要因について，情報システムの「ネットワーク化」をキーワードにして考えていきたい。第一に，オペレーションの迅速化については，情報と人との流れを同期化することによって達成されたが，それは受付システム，電子カルテシステム，オーダリングシステム，診療支援システム，医事会計システムが連結されてはじめて可能になる。第二に，看護師が患者情報を呼び出す際に参照するカルテには，部門システムでの検査結果が自動的に入力されている。これも，電子カルテと診療システムが連動した結果，可能になったことである。会計における事務員が時間をおかずに料金を請求するという行動も，オーダリングシステム，検査などの診療支援システム，医事会計システムがそれぞれ連結されていなければ実現できないだろう。第三に，患者と地域社会に関しても，院内で連結されたシステムと外部の診療所とのシステムとの連結がなされなければ，政府が目指す地域医療機関における連携が不可能になる。

　このように，新たなICTである電子カルテが導入され，院内の病院情報システムがすべてネットワーク化されることによって，はじめて上記の導入効果がもたらされたといえよう。Zuboff (1985) によると，情報技術を用いることにより，「automate（自動化）」と「informate（情報化）」の2つの効果を得ることができる。「automate」とは，人が行う様々な諸活動が機械により自動化できるようになることであり，「informate」はメンバーの自発的な参加や情報の交換を通して，情報を可視化して共有したり情報創造が可能になることをい

う。Zuboff（1985）の二面性の考え方に事例を当てはめてみると，医療情報システムがネットワーク化されることにより，業務プロセスを自動化することができオペレーションの効率性が高まるという「automate」の側面と異なる場所における情報を各メンバーが共有して活用する「informate」の側面で解釈することができる。

次節では，病院内の医療情報システムが完全にネットワーク化されることによって，病院の取引先である医療機器メーカーの戦略やビジネスモデルに影響を与えることについて述べる。

第5節　病院へのICT化の影響が医療機器メーカーに与えた変化

新しいICTである電子カルテが導入され，すべての医療情報システムがネットワークとして連結されると，その外部組織である医療機器メーカーに影響が及ぶことになった。その具体的な内容を（1）導入前，（2）導入後というように以下では記述していく。現在30万品目にものぼるといわれる医療機器は，約1万7000品目である医薬品と同じ薬事法が適用されている。

（1）電子カルテ導入前までの医療機器メーカーの戦略とビジネスモデル
①イノベーションと付随する消耗品

医療機器は，診察機器と検査機器に大きく分類することができる。分類上どちらであったとしても，イノベーションを通じて既存製品よりも機能面で優れた製品が求められることは他業界と違いはない。開発の方向性に関しては，医師のニーズにそった医療機器を開発することが重要になるため，各社の営業マンは医師を訪問してニーズを吸い上げ，それを社内の開発部門に伝達することが求められる。その後，共同開発を通じて，企業側が製作した試作品を医師に利用してもらいながら改善を繰り返し重ねていく製品開発のパターンが一般的である。

医療機器が他業界の製品と異なるのは，規制が厳しい点である。薬事法によって，製造販売の際に厚生労働省の承認や届け出が必要であることが定められ

ている。医療機器は人体への危険度に応じて，クラスⅠ（一般医療機器），クラスⅡ（管理医療機器），クラスⅢ・Ⅳ（高度管理医療機器）に分類されており，基本的にクラスⅠ以外は承認が必要になる。イノベーションの程度が高いような新しい医療機器が承認されるためには，医薬品の開発プロセスと同様に動物を用いた非臨床試験やヒトに対する臨床試験を通じてデータを集め，その医療機器の有効性と安全性を行政に証明しなければならない。当業界では臨床研究や治験を行う際に，企業だけでなく医師が自ら試作した医療機器を用いることがある点が特徴的である。これらの活動で重要な点は，ユーザーである医師の協力である。したがって，共同開発や臨床研究の委託のために，医療機器メーカーは医師との関係性をどのようにして長期的に築いていくか，という戦略的な課題をもっている。

医療機器メーカーのビジネスモデルとしては，上市後に製品を販売するだけでなく，それに付随した消耗品をあわせてセット販売するというものがある。例えば，透析機器のダイアライザーの場合，透析用の針や透析液など医療機器に付随した消耗品が存在する。ニプロ社は，ダイアライザーとその調整装置だけでなく，透析針や透析液などの消耗品をあわせて販売するビジネスモデルを採用している。病院側としては，医療機器とそれに付随する消耗品のメーカーを変えてしまうと，問い合わせの窓口が増えてしまい面倒であるため，なるべく購入先を絞りたいというニーズがある。よって，医療機器メーカーの第一の目標としては高機能な製品を開発して販売することであるが，その後のビジネス展開においては付随する消耗品をあわせて販売していくことで売上を確保するのである。

②医療機器使用の保険適用に向けての戦略

医療機器の売り上げを左右するひとつの要因として，病院での機器の利用が診療報酬として保険適用されることが挙げられる。病院側にとっては，保険適用された機器を購入して利用すれば，技術料として診療報酬請求ができるため，その機器の利用が保険適用されているかどうかは，医療機器の購入の際に重要な判断事項となる。だが，現在すべての医療機器の使用に保険適用が認められているわけではない。厚生労働省は医療機器を6つの区分に分類し，既存の技

術の枠内に収まらず機能・技術が新たなものであると評価できる医療機器に対してのみ保険適用を認めている。

　医療機器メーカー側がその現状に対して実行している戦略として，診療報酬の新設や改定を通じて，自社の新製品の利用が保険適用される方向にもっていくことが挙げられる。具体的には，厚生労働省など関係省庁に対して，①その新製品には新技術が用いられており新たな機能を有すること，②その新製品を利用すれば総合的にみて医療コストを低減させられることの2点を訴えかけていくことである。①に関しては，関係省庁だけでなく，ユーザーである医師に対して，学会で製品の性能や機能をアピールすることを同時に実行している。ユーザーが増えるということは，売上の増加のみならず，関係省庁に対する影響力が強くなるためである。②に関しては，その機器を使った場合，既存の治療方法と比較して医療経済面でプラスの効果が得られることを証明することが求められる。政府の立場からみると，医療費全体の支出を削減するニーズが存在するためである。例えば癌の検査機器の場合，データを参照しながら，早期発見が早期治療の開始につながり，完治・退院までの全体の治療期間がトータルで短縮化されることをシミュレーションする。その結果，以前の場合と比較して治療への総合的な支出が減ることを証明するのである。このように，医療機器メーカーは単に新製品を開発するだけでなく，厚生労働省に機器の新しい機能や技術，および経済効果を認めてもらうよう働きかけ，制度を変更してもらう戦略を実行しているのである。

（2）医療機器メーカーのビジネスモデルの変更

　前述したように，新しいICTである電子カルテの導入を契機として，病院情報システムが完全にネットワーク化された。導入前には各部門で個別に扱われていた情報が，電子カルテに集約されながら院内で共有されるという変化によって，医療機器メーカーの戦略やビジネスモデルに影響をもたらしたのである。

　①インターフェースを通じた顧客の囲い込み

　電子カルテとオーダリングシステムから構成されるベースシステムと各部門

第2章　ネットワーク化とビジネスモデルの変更

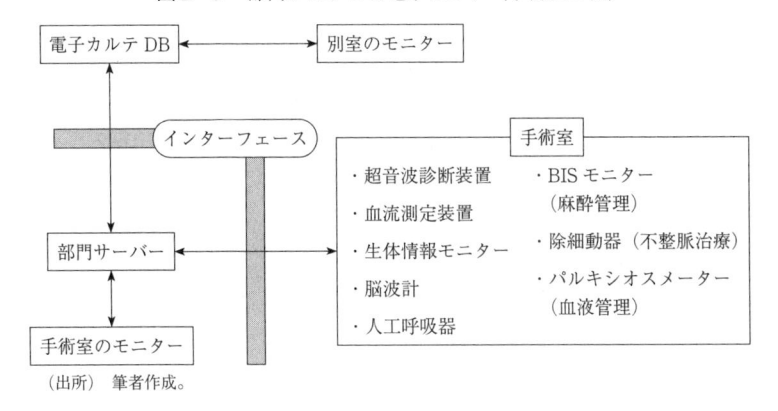

図2-3　部門システムと電子カルテ（手術室の例）

```
電子カルテDB ←→ 別室のモニター
   ↕
   ┃    インターフェース        手術室
   ┃                    ・超音波診断装置  ・BISモニター
   ┃                                      （麻酔管理）
   ┃                    ・血流測定装置
部門サーバー ←→         ・生体情報モニター ・除細動器（不整脈治療）
   ↕                    ・脳波計          ・パルキシオスメーター
手術室のモニター         ・人工呼吸器      （血液管理）
```

（出所）筆者作成。

　システムの連結に関して，手術室をクローズアップして図示化したものが図2-3である。手術室に存在する多様な医療機器は，各部門に設置された部門サーバーとそれぞれ連結され，手術室内でのネットワーク化が実現されている。さらに部門サーバーと電子カルテのデータベースが連結されることによって，全体のシステムとして機能するという構成になっている。このように，病院内では各部門のシステムごとにネットワーク化された上で，電子カルテと連結されることにより全体のネットワークが構成されている。このネットワーク化によって情報の自動化・集約化というメリットが生ずる。例えば，手術室では各種モニターや麻酔器から患者情報が刻々と発生するが，緊急性の高い治療を行っているために，医師や看護師がデータ入力をする余裕はない。しかし，ネットワーク化が実現されているおかげで医療機器からのデータが自動入力され，そのデータをカルテ上で一括管理することが可能になる。

　この連結で問題となるのが，各医療機器と部門サーバーを連結するインターフェースである。インターフェースの規格が業界で標準化されていれば，病院側は医療機器メーカーを変更するのにそれほど手間はかからない。だが，各医療機器でインターフェースの規格が標準化されておらずクローズであるため，メーカーを変更する場合にはインターフェースを独自に1から作成しなければならない。(5)現在，このインターフェースを作成するには1口200万ほどの費用

がかかるとされている。このような状況のもとでは，スイッチングコストの増加により，病院側が医療機器を別メーカーに変更する行動は取りづらいものとなっている。

　この状況に対応した医療機器メーカーの新たなビジネスモデルとして，医療機器の買い替え需要を見越した上で，他社に先がけて製品を病院に納入し，自社仕様のインターフェースを作成してしまうことが挙げられる。いいかえると，医療機器と部門サーバー間のインターフェースを通じた顧客の囲い込みである。前述した「イノベーションと付随する消耗品」というビジネスモデルに加えて，インターフェースを通じた顧客の囲い込みの要素が加わったのである。さらに，データの一元管理を達成するため，ある医療機器メーカーが1社で電子カルテシステムと部門システムとの間のインターフェースをまとめて作り，他の医療機器メーカーのインターフェースを引き受けるというビジネスを開始する例も出てきている（例：フクダ電子社）。このビジネスは，医療機器と部門サーバーとの連結における手間を省くと同時に，複数のモニターに表示されるデータを，統一した計時によって記録することが可能になる。同一の部屋における医療機器メーカーの計時が一致していない場合，患者の診療や検査において深刻な影響をもたらす場合があるので，病院側にとっては有効なサービスであるといえる。

②医療機器メーカー間の連携の増加

　医療機器は機器の種類によってそれぞれ多様なメーカーが存在しており，すべての機器を一括して提供できる企業はわが国には存在しない。すると，前掲図2-3の手術室の例にあるように，多種の医療機器をひとつの部門システムで連結して利用するに当たって，病院はそれぞれのメーカーとインターフェースの設置を含めた交渉をしなければならない。この取引形態だと非常に交渉コストがかかることになってしまう。こうした状況を受けて，病院における医療機器の購買方法に変化が生じた。これまで医師や看護師の購入依頼を受けて医療機器を選定し，1社ごとに個別で交渉しながら各機器を納入していたが，部門で設置する機器を一括で購入するようになったのである。このように，医療機器の契約が部門システムごとに一本化される場合，複数からなるメーカーは

互いに連携しながら病院に医療機器を納入する必要が出てくる。

　さらに，購入の意思決定をする際に，医療コンサルタントが大きな影響力をもつようになった。病院経営者が，機器選定から運用までのコーディネートをコンサルタントに委託するようになったのである。病院側は医療機器に関する知識やニーズを持ち合わせているが，一方で情報システムやネットワークに関する知識は乏しい場合が多い。したがって，情報システムと医療機器に関する両方の知識をもち合わせている医療コンサルタントが，各医療機器メーカーを選定し，まとめて交渉する役割を担うケースが増加している。この場合，従来では機器選定における事実上の決定権を保有していた医師や看護師は，機器の希望を伝える程度に役割が変化した。このように，院内情報のネットワーク化が取引のあり方にまで変容をもたらしたのである。

（3）医療機器メーカーへの波及効果のまとめ

　新たなICTである電子カルテが導入され，院内の病院情報システムがネットワーク化されることによって，病院のみならず医療機器メーカーにまでその影響が及んだことをこれまでの記述から確認した。そのひとつは医療機器メーカーの戦略やビジネスモデルの変化であり，もうひとつは医療機器メーカー間の連携の増加であった。電子カルテの病院への導入からその波及効果までの関係は，図2-4にまとめることができる。

　電子カルテの導入により，医療機器メーカーに対する病院側のニーズは多様化したといえる。具体的には，既存製品よりも機能や品質面で優れた製品を求めるというニーズに加えて，院内のネットワーク化に適応した医療機器やサービスが求められるようになった。この現象は，病院へICTが導入されることによって，医療機器メーカーにとっての顧客である病院の求める価値が変化することになり，医療機器業界に競争基盤の転換が生じた現象であるとも捉えることができる。この顧客価値の変更を契機として，医療機器メーカー側の戦略，ビジネスモデルに影響が及ぶことになった。

　ここで注目したい点は，医療機器と部門システム間のインターフェースである。このインターフェースが現在はクローズであるために，スイッチングコス

図2-4 新たなICTが病院および医療機器メーカーへもたらす影響

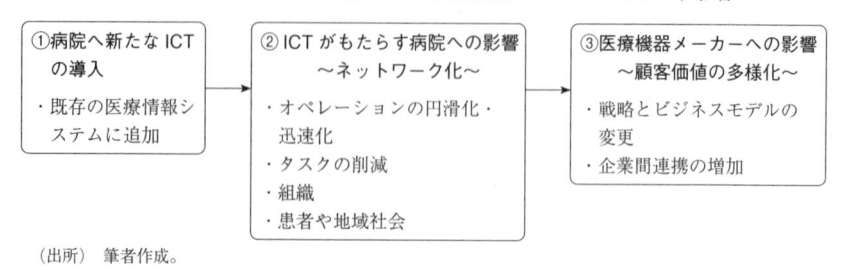

①病院へ新たなICTの導入	②ICTがもたらす病院への影響 〜ネットワーク化〜	③医療機器メーカーへの影響 〜顧客価値の多様化〜
・既存の医療情報システムに追加	・オペレーションの円滑化・迅速化 ・タスクの削減 ・組織 ・患者や地域社会	・戦略とビジネスモデルの変更 ・企業間連携の増加

（出所）筆者作成。

トを見越した顧客の囲い込みを医療機器メーカーは行っている。だが，電子カルテと部門システム間とのインターフェースは厚生労働省の働きかけを背景に，IHE（Integrating the Healthcare Enterprise：一般社団法人日本IHE協会）を中心にしてHL7（Health Level 7）という標準規格の設定が進められ，オープン化の流れにある。また，電子カルテのベンダーでシェア1位である富士通は，自社のインターフェースを業界内で公開する方向性を取っている。これらの事実とインターフェースの標準化を希望する病院側のニーズをあわせて考えると，医療機器と部門システム間のインターフェースもオープン化の方向に進んでいく可能性が高い。したがって，2011年現在は，医療情報システムにおける様々なレベルでのインターフェースが標準化に向かっていく過渡期だと捉えることができるのかもしれない。仮に，医療機器と部門システム間におけるインターフェースの標準化が実現した際には，医療機器メーカーの戦略やビジネスモデルに再び影響をもたらすことが予想されよう。

第6節　今後の展望

本章は，ICTを組織に導入した影響，およびその変化が関係する他業界まで波及して影響をもたらしたことを病院と医療機器メーカーを取り上げて記述した。その際に重要になったキーワードは医療情報システムのネットワーク化であった。

わが国の医療におけるICT政策の方向性は，現状よりもさらなるネットワ

ーク化を推進することである。現在取り組まれているのは電子カルテを各病院が自主的に導入し，1病院内での患者情報の管理を行うことである。次のステップとしての政策課題は，同一地域内のすべての病院や診療所の間で患者情報を交換し，地域医療を推進することである。[6]このようにネットワーク化を拡張する理由としては，医療の効率化の観点から，患者の病状が重い場合は病院，軽い場合は診療所（クリニック）で診療するという様に，病院と診療所との役割分担（分業体制の構築）を意図しており，これらが円滑に機能するには患者情報を組織間でスムーズに共有できた方がよいためである。このように，地域医療を推進するネットワーク化を達成するためには，資金面，法制度，個人情報の保護，などの課題が存在するが，今後様々なレベルでのインターフェースが標準化・オープン化の方向に向かっていくことになるだろう。

　様々なレベルでのインターフェースのオープン化が進んだとき，わが国の医療機器業界の方向性として考えられる道が2つある。ひとつは，自由競争が実施され業界内での競争が激しくなる方向性である。インターフェースがオープンになることで，病院が医療機器メーカーを切りかえるコストが低くなるためである。ただし，わが国の医療機器業界では，外資系も含めて医療機器ごとに数社しか競争相手が存在しない場合が多く，製品カテゴリーによって競争相手が限定されているため，そのような機器ではある程度の競争レベルで収束するのかもしれない。もうひとつは，海外のPhillips社のようにM＆A（mergers and acquisitions：合併と買収）を繰り返していく方向性である。救急車で緊急の患者が搬送されてきた場合，救急室，検査・レントゲン室，手術室，ICU，病室という流れを患者はたどる。そこで，Phillipsは1998年ごろから2005年にかけて，複数回の大型M＆Aを繰り返しながら，各部屋で用いる医療機器を提供しているメーカーを吸収している。Phillipsは，患者の流れで必要になる検査機器・診療機器をすべて自社グループで扱うことによって，トータルソリューションを提供する戦略を取っているのである。この場合，仮にインターフェースがオープン化されたとしても，グループ間の企業でまとめて医療機器を納入することになり，前の方向性ほど競争は激しくならないことが予測される。このように，さらなるネットワーク化が進んだ際に，医療機器メーカーや電子

第 I 部　産業と企業行動の変革

カルテのベンダーがいかなる戦略変更や新たなビジネスモデルを実行するかについては今後の課題としたい。

注

(1) ビジネスモデルはビジネスシステム（事業システム）と呼ばれることもある。ビジネスモデルを「設計思想（頭で考えたもの）」，ビジネスシステムを「結果として実際にできあがったシステム（現実のもの）」と区別してとらえる考え方があるが，本章ではビジネスモデルに両方の意味を含めることにする。
(2) これら 2 つに医事会計システムを加え，ベースシステムを 3 つと捉える考え方もある。
(3) 4 節で取り上げる洛和会グループでは，病院内で医療情報は共有しているものの，利害関係を内包する他病院とは共有していないので，現状ではレベル 4 ではなくレベル 3 と判断した。
(4) 電子カルテを導入し，上手く活用できている病院はそれほど多くはない。導入に関する成功要因については，具・久保（2006）参照。
(5) 画像に関しては DICOM という標準規格が存在する。
(6) 1 病院内の患者情報は EMR（Electric Medical Record），地域内で共有される患者情報は EHR（Electric Health Record）と呼ばれる。

参考文献

具承桓・久保亮一（2006）「病院組織における情報技術の導入と組織変革，その効果分析」『日本経営学会誌』第 18 号，3-16 頁。
國領二郎（1999）『オープン・アーキテクチャ戦略』ダイヤモンド社。
全国公私病院連盟（2011）『平成 22 年病院運営実態分析調査』。
根来龍之監修／早稲田大学 IT 戦略研究所編（2005）『デジタル時代の経営戦略』メディアセレクト。
保健医療福祉情報システム工業会ホームページ　(http://www.jahis.jp/datalist/% EF% BD% 93% EF% BD% 8404-r.html) 2011 年 2 月 1 日閲覧。
Banker, R. D., and R. J. Kauffman (2004) "The Evolution of Research on Information Systems: A Fiftieth-Year Survey of the Literature in Management Science," *Management Science*, 50(3), pp. 281-298.
Christensen, C. (1997) *The innovator's dilemma*, Harvard Business School Press.（伊豆原弓訳，2001，『イノベーションのジレンマ』翔泳社）
Davenport, T. (1993) *Process Innovation : Reengineering Work through Information Technology*, Harvard Business School Press.（卜部正夫他訳，1994，『プロセス・イノベ

ーション』日経 BP 出版センター)

Johnson M. W., C. M. Christensen, and H. Kagermann (2008) "Reinventing Your Business Model," *Harvard Business Review*, Dec., pp. 50-59.（関美和訳, 2009,「ビジネスモデル・イノベーションの原則」『Diamond ハーバード・ビジネス・レビュー』4 月号, 40-56 頁）

Yoffie, D. B., and M. Kwak (2001) *Judo Strategy*, Harvard Business School Press.（藤井正嗣監訳, 2004,『柔道ストラテジー』日本放送出版協会）

Zuboff, S., (1985) "Automate/informate : The two intelligent technology," *Organizational Dynamics*, pp. 5-18.

（久保亮一）

第Ⅱ部

企業間関係の変革

第3章

協働型EDIの普及メカニズム
――消費財製造業と組織小売業の戦略共有へ向けた取り組み――

第1節　協働型EDIの現状を踏まえた問題提起

(1) わが国におけるEDIの普及

　売り手と買い手の取引で利用されるICTのひとつとして，EDI（Electronic Data Interchange：電子式データ交換システム）と呼ばれる企業間情報システムがある。EDIとは，異なる企業同士が，あらかじめ標準化された規約にしたがい，通信回線を介して，オンラインで商取引に関するデータを交換するシステムである。

　日本において，当初EDIの導入が進んだのは流通業界である。同業界では，1970年代後半から，受発注業務においてEOS（Electronic Ordering System：オンライン受発注システム）が導入され始めた。その後，1980年に日本チェーンストア協会がJCA手順（Japan Chain store Association protocol）と呼ぶ通信プロトコルを制定，1982年には通商産業省（現,経済産業省）がJCA手順をJ手順という名称で，流通業界全体の標準的な通信プロトコルに認定した。これをきっかけに，量販店，スーパーマーケット，コンビニエンス・ストア（以下，CVSと呼ぶ）などのチェーンストアと卸売業，さらには加工食品，酒類，菓子，日用品，医薬品，家電，玩具，文具などの消費財の業界単位で，製造業と卸売業の間でEDIが普及し始めた。そして，その対象業務は，受発注だけでなく，請求・支払，出荷・納品などへと拡大していった。

　このようなEDIの普及を後押ししたのが，1985年の電気通信事業法の施行による「通信の自由化」にともなう，数多くの第二種電気通信事業者（第一種電気通信事業者から電気通信回線設備の提供を受けてサービスを提供することがで

きる電気通信事業者），特に VAN（Value Added Network：付加価値通信網）事業者の誕生である。VAN とは，共同利用型の情報ネットワークであり，複数の企業が共同で利用することによって，コストを軽減することができる。流通業界において，このような役割を果たしたのが，地域の中小小売業と卸売業の間の EDI サービスを行う地域流通 VAN と，業界単位で製造業と卸売業の間の EDI サービスを行う業界 VAN といった，いわゆる流通 VAN 事業者である。これらの事業者の EDI サービスは，大企業と中小企業の情報化格差を解消することをねらったものであり，中小企業への EDI の導入を促進した。

　さらに，消費財以外の業界でも，例えば電子部品，電線，電力，鉄鋼，建設などの業界において，1980 年代末から EDI の導入が開始されている。そして，1990 年代後半以降，EDI はインターネットの利用が主流となった。いわゆるオープン EDI の登場である。こうして，高速・安価な公衆回線を使うことで，専用線や VAN を利用する場合と比較して，通信コストが格段に安くなり，企業規模や業界にとらわれない企業間情報システムの構築が可能になったのである。

　このように日本では，EDI は受発注から決済・物流へ，消費財から非消費財へ，大企業から中小企業へと，対象業務や導入業界，導入企業が拡大してきた。日本情報処理開発協会（以下，JIPDEC）が 2008 年度に実施した調査[1]によれば，EDI の導入状況に関する質問に対して，「すべての取引先と行っている」企業の割合は 2.2％ と少ないが，「一部の取引先と行っている」企業の割合は 82.6％ であり，合計で約 85％ の企業が取引において EDI を使っている。この結果から，日本では EDI がかなり普及していることがわかる。

（2）協働型 EDI への関心の高まり

　受発注や決済・物流業務に EDI を適用するメリットは，取引業務の省力化や正確性の向上，注文リードタイムの短縮を実現できることである。これに対して，昨今注目されているのは，売り手と買い手がより広範なデータを共有することで，単に業務の効率化を図るのではなく，業務のやり方を見直して，ジャスト・イン・タイムで製品を供給したり，消費者のニーズに即した製品を開

発することをねらったものである。詳細な定義は次節で行うとして、ここでは前者を「市場取引型EDI」、後者を「協働型EDI」と呼ぶことにする。

協働型EDIに注目が集まっている代表例のひとつが、消費財製造業と小売業の関係である。EDI普及の歴史でみたように、流通業界はEDI普及の先駆けであり、市場取引型EDIの導入を通じて業務の効率化が推進されてきた。1990年代に入り、米国ではECR（Efficient Consumer Response：効率的な消費者対応）やVMI（Vendor Managed Inventory：ベンダーによる在庫管理）、CRP（Continuous Replenishment Program：連続的な補充プログラム）、さらにはCPFR（Collaborative Planning, Forecasting, and Replenishment：協働的な計画・予測・補充プログラム）といった、いわゆる「製販同盟」の実践的なプログラムが導入され始めた。これらのプログラムは、製造業が主要な取引先との間で、販売や在庫に関する実績データや販売促進の計画情報を共有して、製造業の生産・物流活動と小売業の商品政策・店頭活動を連動させ、生産・物流、店頭オペレーションのコストや在庫を減らすとともに、欠品減少を通じて店頭での販売機会の損失を減らし、売上高の増加をねらうものである。日本でも、1990年代後半以降のSCM（Supply Chain Management：サプライチェーン・マネジメント）への関心の高まりの中で、これらのプログラムへの取り組みが多数報告されてきた。

表3-1は、2000年以降に新聞で報道された、消費財製造業と小売業におけるデータ共有の動きをいくつか抜き出したものである。日本では、コープさっぽろが1999年4月にPOS（Point Of Sales：販売時点管理）データを有料で提供するサービスを始めた。その後、2000年代に入って、大手のCVSやドラッグストア、GMS、家電量販店、スーパーマーケットへと、消費財製造業とのデータ共有の動きが広がっていった。この表の事例から、2000年代の前半は数社から数十社との試験的な取り組みが多いようであるが、後半になると数百社とのデータ共有を行っている企業がみられることがわかる。SCMが日本で導入され始めて約10年が経過し、消費財製造業と小売業の間でも、本格的なデータ共有が始まったようである。

表3-1　消費財製造業と小売業におけるデータ共有の事例

企業名	業種・業態	内容	出所
ファミリーマート	CVS	大手食品メーカー6社にインターネット経由で店頭販売データを実験的に提供しており，2003年9月から参加企業を増やす予定である	日本経済新聞（2003/6/12）
セガミメディックス	DRS	日用品・医薬品メーカーおよび卸約80社と販売データの共有に乗りだす。メーカーは他社のデータも入手できるため，店別のシェアを把握することができる	日経MJ（2003/7/22）
西友	GMS	2004年7月から，リテールリンクを使って，主要メーカー60社に店頭販売データを配信し，目標予算も共有して，販売促進や在庫管理に共同で取り組む	日本経済新聞（2004/3/31）
イオン	GMS	2004年9月から，大手日用品メーカー3社，PBの生産委託メーカー10数社に対して，販売・在庫データや販売計画を開示するシステムを導入することで合意した	日本経済新聞（2004/5/16）
ギガスケーズデンキ	家電量販店	家電メーカー20社に販売・在庫・需要予測データを毎週提供し，CPFRに取り組んでいる	日経MJ（2005/2/18）
花王	日用品メーカー	大手小売業200社から，特売情報をオンラインで1週間前までに入手し，生産・物流活動に活用する取り組みを試験的に始めた	日経MJ（2007/8/20）
ユニー	SM	2007年内に，インターネットを通じて，食品メーカーや卸約100社へのPOSデータの提供を開始し，将来的には200社に増やす予定である	日本経済新聞（2007/9/14）
ライフコーポレーション	SM	2007年初めから，首都圏の店舗のPOSデータを食品メーカーに開示し始めた。2007年10月をめどに，提供先を300社に増やす	日経MJ（2007/9/28）
コープさっぽろ	SM	2003年12月に，食品メーカーがオンラインでPOSデータを入手できるしくみを導入した。提供先は2008年1月時点で約300社に増えた	日経MJ（2008/1/23, 7/18）

（注）　CVS：コンビニエンス・ストア，DRS：ドラッグストア，GMS：ゼネラルマーチャンダイズストア，SM：スーパーマーケット。
（出所）　各種新聞記事より筆者作成。

（3）協働型 EDI の普及に関する問題意識

　では，市場取引型 EDI と比較して，協働型 EDI はどの程度普及しているのだろうか。先ほどの JIPDEC の調査によれば，EDI の適用業務で最も多いのは「受発注」（86.7％）であり，次いで「金融機関とのファームバンキング」（25.7％），「見積り」（24.9％），「請求支払い」（22.8％），「納期問合せ」（22.2％），「運送指示」（16.0％）の順となっている（10％以上の回答を抽出）。これらの業務は取引上の必須のやりとりであり，すべて市場取引型 EDI の機能とみなすことができる。これに対して，協働型 EDI の機能に該当するとみなされる質問への回答状況をみると，「店頭在庫・流通在庫把握のための EDI」（3.3％），「販売実績，実売価格などマーケティング情報の EDI」（2.3％），「商品画像などの EDI」（2.1％），「商品の品質データなどの EDI」（1.2％），「販売促進のための商品知識，『薀蓄情報』などの EDI」（0.4％）となっており，総じて低い水準に留まっていることがわかる。つまり，協働型 EDI については，新聞紙上では華々しく報道されているが，実は一部の企業の取り組みにすぎず，全体的にみればそれほど普及していないのではないかと推測される。

　この現象について，筆者は次のように考えている。市場取引型 EDI については，オープンなネットワークや通信プロトコルといった ICT の発展や法制度が普及要因となっているようにみえた。しかし協働型 EDI では，法制度はもちろん，ICT の発展が普及に貢献している様子は見受けられない。市場取引型 EDI と協働型 EDI では，普及のロジックが違うようである。注目したいのは，JIPDEC の調査が示すように大半の企業は協働型 EDI を活用していないが，第 3 節で紹介するように，それに積極的に取り組み，多くの取引先と広範なデータを共有して，生産・流通プロセスを組織横断的に変革し，経営成果を上げている企業が存在していることである。つまり，協働型 EDI については，個々の企業の取り組みやその取引先との関係から，市場取引型 EDI とは異なる普及要因を明らかにする必要があると考えられる。

　では，先進的な企業はいかにして協働型 EDI を自社の取引先に普及させていったのだろうか。本章では，消費財製造業を分析の焦点組織として，流通業，中でも組織小売業（広域にチェーン展開している小売業）に対する協働型 EDI の

普及メカニズムを探ることにする。その理由は次の通りである。

　食品・日用品・家電といった消費財においては，流通のパワーシフトが一段と進み，消費財製造業にとっては組織小売業への経路依存度がますます高まっている。このような状況下，協働型 EDI の普及については，前掲表3-1が示すように，どちらかといえば組織小売業側が先導しているようである。典型的なのは，組織小売業が消費財製造業に POS データを提供するかわりに，棚割りや販売促進の提案を期待するというものである。これは，組織小売業先導，つまり組織小売業が強力な購買力を背景に，消費財製造業に対して協働型 EDI を普及させるパターンといえる。

　ただし，表3-1には異なる普及パターンもうかがえる。花王による大手小売業との特売情報の共有事例である。記事によれば，同社は以前，取引先のドラッグストアやスーパーマーケットから特売前日に正式な発注を受けるまでは，特売の正確な情報を入手できていなかった。そのため，小売側の担当者から口頭で情報を集めるとともに，突然大量の発注がきても対応できるように，前年の特売実績をもとに多めに在庫を抱えていたのである。そこで，取引先から特売情報を事前に入手し，自社の在庫を減らすととともに，取引先に対して品揃えや販売促進手法などを提案し，売上拡大を後押しするという。まさに，SCM が理想とする双方にメリットのある取り組みである。

　では，価格決定権をめぐって歴史的に敵対関係にあるなど，強固な信頼関係を築いてきたとはいえない企業が多いと予想される組織小売業に対して，取引上の強制力が効きにくく，信頼関係が希薄な中で，消費財製造業はどうすれば協働型 EDI を組織小売業に普及させることができるのか。このように，消費財製造業を焦点組織として，協働型 EDI の普及について，そのメカニズムを探ることが本章のねらいである。

第2節　先行研究のレビューと分析視点の整理

　EDI の活用に関する研究は，経営情報，生産管理，ロジスティクス管理，マーケティング，さらには戦略・組織といった幅広い領域で行われている[2]。本

節では，まず EDI の活用の程度をどのような次元でみるのかを明確にした上で，EDI 活用の段階を定義する。そして，EDI の普及要因を把握しつつ，協働型 EDI の普及要因を分析する視点を整理する。

（1）EDI 活用の程度

　Massetti and Zmud（1996）は，EDI 活用の程度を測定する次元を 4 つに分けて，先行研究がどの次元を採用しているのかを整理している。彼女らによれば，EDI の量とは，焦点組織の文書のやりとりが EDI 接続を通して行われる程度である。EDI の幅とは，焦点組織と取引先が EDI で接続される程度である。EDI の多様性とは，焦点組織の異なる種類の文書が EDI 接続を通してやりとりされる程度である。EDI の深さとは，焦点組織の業務プロセスが，EDI 接続を通して，取引先の業務プロセスと統合される程度である。これらの次元の中で，焦点組織と取引先のデータのやりとりだけでなく，互いの業務プロセスのつながりを視野に入れているのが EDI の「深さ」である。この次元を使って，EDI の活用がどのように進んでいくのかをみていこう。

　彼女らは，EDI の深さを 3 つのレベルに分けている。最もレベルが低いのはファイル間の接続，次いでアプリケーション間の接続，そして最もレベルが高いのが連結された仕事環境である。彼女らが，EDI の深さの次元を採用しているとみなしている Emmelhainz（1993）も，同様に 3 つのレベルで EDI の実装の程度を分類している。彼女は，1 つか 2 つの文書がドア・ツー・ドア型，例えば購買側が供給側に電子的な注文を行った後，供給側がその注文データを印刷して，人手で入力する方法でやりとりされる場合をレベル 1 とみなしている。レベル 2 は複数文書のアプリケーション間でのデータ交換で，データの送り手と受け手のアプリケーション・プログラムが接続されているため，データの再入力を必要としない場合である。そしてレベル 3 では，企業は EDI を単なるデータの伝達手段とは考えず，EDI をよりよく活用するために，企業内の部門を再編成する。レベル 3 のように，組織の変革をともなう EDI の導入について，Swatman et al.（1994）は業務のリエンジニアリングこそが EDI の便益をもたらすと述べている。また，Clark and Stoddard（1996）は業務プロ

セスの再設計をともなう EDI の導入例として CRP を取り上げて，業務プロセスの再設計をともなわない EDI との便益の比較を行うために，グローサリー業界の製造業と小売業の事例研究を行った結果，前者の方がはるかに大きな便益を得ることを実証的に明らかにしている。

以上のことから，EDI の活用の程度は，焦点組織と取引先がネットワークで接続され，受発注や決済といった，市場での取引業務を運営する上で必要になるファイルをやりとりしたり，共通のインタフェースを採用したアプリケーション・ソフトウェアを利用するといった技術的なしくみを構築するレベルと，その技術的な基盤をもとに，焦点組織と取引先が互いの業務プロセスを見直して，それらを縫い目なく結びつけるという組織横断的なプロセスを構築するレベルに分かれることがわかる。本章では，前者を市場取引型 EDI，後者を協働型 EDI と呼ぶことにする。

（2）EDI の普及要因

さて，EDI の組織への適用プロセスについては，Rogers（1962）のイノベーション論の流れを受けて，従来から採用（adoption）と普及（diffusion）に分けて議論されてきた（佐々木，2001）。採用に関する問いとは，EDI を利用するかどうかを意思決定することである。また普及とは，単に採用するだけでなく，社内の様々なアプリケーションと統合したり（内的普及），EDI を採用した取引先を増やし，EDI 化した取引業務，すなわち取引セットを広げていくこと（外的普及）である。つまり，採用はオール・オア・ナッシングの問題であり，普及は程度の問題である（Hart and Saunders, 1997）。以下では，EDI の採用問題は割愛し，普及問題に絞って研究成果を整理する。

企業間情報システムの便益は相互依存的であり，ある企業の便益は取引先がその技術をどの程度活用するかに依存している（Riggins and Mukhopadhyay, 1994）。よって，EDI の先導企業はより大きな便益を得るために，取引先に対して EDI を普及させる必要がある。

EDI の普及に影響を及ぼす要因に関する研究は，採用の場合と比べてそれほど多くない（Lee and Lim, 2003）。ここでは，Premkumar と Ramamurthy，

HartとSaundersによる研究成果をみてみよう。

Premkumar et al. (1994) は，米国企業のサーベイをもとに，適用，内的普及，外的普及，実装の成功という4つの局面からEDIの普及要因を分析している。適用はEDIの利用を始めること，内的普及は社内のほかのアプリケーション（例：生産計画，配送追跡）と統合すること，外的普及は取引先の数や取引セットの種類を増やすこと，実装の成功はEDI利用への満足を意味している。それぞれの局面に影響を及ぼす説明変数として，技術的な互換性と組織的な互換性，EDIを利用しない場合よりも利用する場合の相対的な利点，理解や利用を困難にする複雑性，便益に対するコスト，経過時間を設定している。すべての分析結果はここでは紹介しないが，本章で注目している外的普及の要因については，技術的な互換性と経過時間が影響を及ぼすという結果を得ている。

Ramamurthy and Premkumar (1995) は論点を内的普及と外的普及に絞り込んで，①イノベーション要因（技術的な互換性，複雑性，コスト対効果，相対的な利点），②組織要因（経営トップのマネジメント支援，タスクの範囲，技術的な専門性を通じた情報システムに対する洗練度，チャンピオンの存在），③組織学習要因（採用後の経過時間）の影響を分析した。サーベイの結果，外的普及についてはPremkumar et al. (1994) の結果と同様に，技術的な互換性と経過時間の有意性が確認された。加えて，経営トップのマネジメント支援にも有意な影響がみられる。

Ramamurthy et al. (1999) は，EDI普及の程度を外的統合と内的統合に分け，前者は取引セットの数，後者は配送スケジューリングや配送追跡システムなどとの統合の程度で測定して，普及要因との関係を分析している。普及要因については，組織間の要因として顧客支援，顧客の専門性，競争圧力の3変数，組織内の要因として内部的なマネジメント支援，EDIの期待される／実現した便益，EDIの互換性，EDIの資源集中性の4変数を設定している。米国のトラック輸送業者へのサーベイの結果，外部統合については，組織間要因では顧客支援と競争圧力，組織内要因ではマネジメント支援と互換性が正の影響を，資源集中性（導入・運営コストの大きさ）が負の影響を及ぼしていると報告して

いる。競争圧力は，EDI の採用時に鍵となる要因とみなされているが，今回の分析のように対象が中小企業になると，普及過程でも重要な要因になるのではないかというのが彼らの見解である。

しかし，取引先のパワーや取引先からの圧力の EDI 普及への影響については，もう少し吟味が必要である。Hart and Saunders（1997）のモデルを参考にしてみる。彼らは，本節の最初に紹介した Massetti and Zmud（1996）が定義した EDI 活用の程度を高める上で，重要な役割を果たしているのは売り手と買い手の信頼であると述べている。そして，取引先のパワーには2種類あり，短期的な視点で行使された強制的なパワーは信頼にマイナスの影響を及ぼすが，長期的な視点からの説得的なパワーは信頼にプラスに働くというモデルを提示している。つまり，彼らのモデルに従えば，パワーや圧力が EDI 普及に影響があるかどうかは一概に判断できず，どのようなパワーや圧力を用いるかによるといえる。ただし，いずれにしてもパワーや圧力は EDI 普及に対して間接的にしか影響を及ぼさない。直接的に影響を与えるのは信頼の程度である。Hart and Saunders（1998）が大きなパワーを有する買い手企業2社（化学，オフィスリテール）のサプライヤーに対して行ったサーベイによれば，EDI 利用の多様性に対して，買い手のパワーは負の有意な影響を，サプライヤーが買い手に対してもつ信頼は正の有意な影響を及ぼしている。この結果から，取引セットを拡大する上では，信頼関係の構築が決定的な関心事になるというのが彼らの見解である。

以上をまとめると，EDI の外的普及に強い影響を及ぼす要因としては，取引先との信頼関係やマネジメント支援，技術的な互換性，経過時間といった変数が目立っている。これらの変数以外では，顧客支援やコストも影響しそうである。取引先のパワーや取引先からの圧力は，信頼関係を通じて EDI の普及に間接的に作用すると考えられ，強制的にではなく説得的にパワーが使われたときに普及を促進すると考えられる。

（3）協働型 EDI の普及要因を分析する視点

EDI の普及については，主に EDI の「多様性」が取り扱われており，社内

で統合されるアプリケーションや社外で拡大される取引セットとして想定されているのは、受発注や決済、物流といった市場取引型 EDI の業務とみなされる。つまり、先行研究で行われてきた普及要因の分析は、主に市場取引型 EDI を対象としたものであり、それを基盤として、売り手と買い手がより広範なデータを共有して、組織横断的なプロセスを構築するという、EDI の「深さ」の問題を取り扱うような、協働型 EDI の普及問題については明示的には取り扱われてこなかったと考えられる。なぜ、協働型 EDI の普及は研究で取り上げられてこなかったのだろうか。

協働型 EDI の考え方自体はそれほど新しいわけではなく、そのイメージや想定される効果は初期の EDI 研究から言及されてきた（ex. Stern and Kaufmann, 1985）。とはいえ、協働型 EDI のように、業務プロセスの変革をともなう EDI の導入こそが、より高いオペレーションのパフォーマンスをもたらし、持続的な競争優位を実現すると認識されるようになったのは、1990 年代末頃からである（Angeles et al., 1998 ; Bhatt, 2001 ; Walton and Gupta, 1999）。企業間での業務プロセスの変革のイネーブラーとして EDI が利用されれば、EDI の先導企業に便益をもたらすだけでなく、採用企業にとっても、例えば在庫と欠品を同時に減らすことができるという報告がみられるのもこの時期である（Lee et al., 1999）。

SCM の研究領域では、この頃から、消費財製造業と組織小売業における CPFR の実践が多数報告されている。CPFR は、両者が需要と供給に関する様々なデータを共有して、予測・計画・補充を協働的に行う活動であり、協働型 EDI を活用した SCM の実現形態のひとつと捉えることができる。しかし CPFR については、小規模のパイロット・テストは多くの企業で行われているが、大規模に実装している企業はほとんどみられないといわれている（Smaros, 2003, 2007）。つまり、協働型 EDI の普及要因についての仮説を設定して、サーベイでデータを集めて検証できるほど、成功事例は多くないのかもしれない。これが協働型 EDI の普及問題を取り扱う研究が少ない理由ではないかと考えられる。

そこで本章では、先進的な取り組みを行っている企業の事例から、消費財製

造業が取引先に協働型 EDI を普及させる要因を探ることにする。具体的には，外的普及に強い影響を及ぼすと想定される組織間要因（信頼）や組織内要因（マネジメント支援），イノベーション要因（技術的な互換性，経過時間）について，これらの要因が協働型 EDI を普及させる際にも鍵になっているのかを検証する。さらに，その他にも影響を及ぼす要因を事例から抽出しつつ，各要因がどのように結びついて協働型 EDI の普及をもたらしているのかというメカニズムを提示することを試みる。

第3節　カルビーの事例[3]

　先進企業として取り上げるのは，スナック菓子市場の国内最大手企業であるカルビー株式会社（以下，カルビー）である。カルビーは，鮮度重視の戦略を実現するために，見込みベースの生産・流通から受注ベースの生産・流通へとプロセスを変革しており[4]，その過程で卸売業，小売業（以下，同社の呼び方で卸店，小売店とする）との協働型 EDI に先導的に取り組んできた。以下では，同社の EDI の活用状況を説明した後に，協働型 EDI を普及させる上で重要な役割を果たしている提案営業活動を中心に記述する。なお，本事例は同社の 2009 年 6 月の経営体制の刷新以前の取り組みを中心としているが，それ以降の動きについても本節（3）で若干ふれる。

（1）EDI の活用状況

　カルビーは得意先である卸店との受発注に，菓子業界の標準的なしくみとして 1988 年に運用が開始された「菓子 VAN」の EDI サービスを当初から先駆的に活用し始めた。菓子 VAN は，全日本菓子協会と全国菓子卸商業組合連合会が共同運営する業界 VAN であり，2400bps（ビット／秒）の公衆回線，JCA 手順を使ったサービスであった。2000 年 10 月，菓子 VAN から，拡張された新サービスである「e-お菓子ねっと」への移行が始まった。e-お菓子ねっとも同協会と同連合会が共同運営するサービスである。INS64（64kbps），全銀 TCP／IP を使用でき，また送受信できるデータの範囲が広がることから，カ

第3章 協働型EDIの普及メカニズム

ルビーはすぐに移行に対応した。同時期，カルビーでは得意先が従来からの菓子卸だけでなく，食品卸や日用品卸にも広がっていた。これは，大手食品卸による加工食品と菓子の一括納品や急増するドラッグストア・チェーンでの菓子販売の動きに対応したものである。そこで，同社はそれぞれの業界VANである「ファイネット」や「プラネット」のEDIも利用し始めた。両VANともに，INS64，全銀TCP/IPを使っている。このように，カルビーはできるだけ業界標準的なEDIを利用する方針を採用してきた。しかし，最近は卸店を介さない直接取引を要求する組織小売業も出始めており，それらの企業とは個別のEDIシステムを構築している。以上の4種類のEDI（e-お菓子ねっと，ファイネット，プラネット，個別EDI）のうち，カルビーがやりとりするデータ量の約9割を占めているe-お菓子ねっとの活用状況を詳しくみていく。

カルビーはe-お菓子ねっとを使って，主に5種類のデータ交換を行っている。「受注」データについては，定番品と特売品を分けて発注してもらうように卸店に依頼している。これは，後に説明する生産・流通プロセスの変革の一環であり，定番品と特売品を区別できるようにフラグをつけて発注してもらっている。

また，カルビーから卸店へ「納品案内」（入庫予定）データを送り，商品が卸店へ納品され検品された後に，卸店からカルビーへ「受領」データを送ってもらうことで，お互いに売掛と買掛の照合を日次で行っている。以前は，請求データを使って月次で照合していたため，売掛と買掛が合わなくても十分な対応がとれなかったが，毎日照合することで，原因を特定しやすくなっている。さらに，卸店では納品案内データを使って在庫を計上したり，事前に荷下ろし場所を調整できる（例：定番分は奥へ運び，特売分は軒先に下ろす）ことで，荷役作業の軽減にも役立っている。あわせて，請求明細書のかわりに「請求」データを送信するなど，ペーパーレス化を実現している。

加えて，「店だし」データを受信している。店だしデータとは，大手の小売店であれば配送センターへ，中小の小売店なら各個店へ，卸店が商品を出荷したデータであり，カルビーはこのデータを毎日受け取っている。同社は，2万5000店以上ある個店の属性データベース（住所，規模，フェース数など）も整

備しており，例えば新製品はどのお店でどれぐらい売れたのか，どのお店の特売は効果があったのか，といった商品別・店舗別の分析を行うことができ，販売・マーケティング部門が後に説明する提案営業に活用している。

卸店へのe-お菓子ねっとの普及については，ここでは詳細は割愛するとして，卸店は当初は積極的にEDIを活用しようとしたわけではなかったが，EDIに関するインセンティブ制の導入後，EDIでの受注率は明細行ベースで90％程度に達している。

問題は，カルビーと小売店との関係である。卸店がEDIを使い，定番・特売のフラグをつけてカルビーに発注するには，その前に小売店がそれらを区別して卸店へ発注する必要がある。実は，この小売側の対応がスムーズにいかなかったのである。次項では，カルビーの7つの支店の中でも，定番品と特売品を区別したEDIの受注率が高い九州支店を取り上げて，同支店の提案営業への取り組みを説明する。

(2) 九州支店における提案営業

1998年，九州カンパニー（現，九州支店）では全社的な目標である店頭鮮度の向上を実現するために，「見込み」に基づく生産・流通から，「実需」に基づく生産・流通へオペレーションを切り替えるという構想を策定した。具体的には，定番品については物流部門が需要予測を行い，同部門が必要な在庫量を決めて，生産部門に生産量を指示するとともに，小売店からは売上数量と同量を受注して翌日に配送することにした。また，特売品については需要予測を行わず，4日前までに受注した数量をすばやく生産して，納品日に配送するというものである。同年から，まず定番品に関する移行が始まり，軌道に乗り始めた2000年からは，特売品に関する移行が開始された。

ところが，当初は締め日に設定した4日前までに発注可能な小売店は少なかった。小売店での特売の計画は直前まで確定しないことが多い。小売店が4日前までに確定した発注を行うためには，バイヤーが従来から行ってきた商品政策の業務を見直す必要が生じるのである。その後，販売部門が2001年9月から開始した「プランニング・ミーティング」の浸透によって，特売品の事前受

注率(最終納品量に占める4日前までの受注量の割合)は少しずつ向上していった。プランニング・ミーティングとは，卸店と共同して，個々の小売店の課題解決に関する提案や目標共有，評価を行う会議である。

　課題解決では，小売店の課題を売り場や数値からみつけ出して，それを解決するための提案を行い，実行し，評価するという活動が半期単位で繰り返される。まず，カルビー社内の活動を，役割分担を含めて説明しよう。13週提案と呼ばれる販売促進計画のひな型はマーケティング部門が提供する。これは商品政策やカテゴリー毎の市場動向などを踏まえて設定されたものである。売り場の棚割りを提案する場合も，マーケティング部門が基本的なデータを準備する。同部門は，小売店から入手したPOSデータと独自に入手した市場データを比較して，例えば小売店では取り扱っていないが，市場では売れている商品を抽出する。その際，スナック菓子業界のカテゴリー・リーダーとして，カルビー以外の商品であっても「売上がとれる商品」をピックアップするように努めている。ほかにも，店だしデータとPOSデータを組み合わせて，例えば特売品が店舗へ納品されてから売れるまでのタイムラグを分析し，機会損失がないかどうかを確認することもある。販売部門は，13週提案のひな型に，対象小売店の前年売上実績や販促テーマ，売り場の観察，小売店のバイヤーや店舗への聞き取りを通じて把握したデータを盛り込んで，個々の小売店に合わせた提案をつくる。専用商品がある場合は，商品企画部門を含めて提案を検討している。

　提案や目標共有，評価を行う年2回のプランニング・ミーティングには，カルビー，卸店，小売店三者の担当者だけでなく，上席者も出席する。カルビーからは，主体となる販売部門だけでなくマーケティング部門の担当者と責任者も参加する。主要小売店とのプランニング・ミーティングには，地域事業本部長(九州・中四国の2支店を統括する執行役員)も同席している。新たに課題解決に取り組む小売店に対しては，その場でまず，鮮度に対する価値観を共有できるようにしている。鮮度へのこだわりはカルビーが特に重視していることであり，上席者が同社の戦略や取り組みを説明する。しかし，小売店からみれば，鮮度の高さが自社にどのようなメリットをもたらすのかがわかりにくい。そこ

写真3-1 販促時の吊下げ商品の展開

(写真提供) カルビー株式会社。

で，鮮度，すなわち在庫回転率を高めれば売上や利益が上がることを説明した上で，三者で売上や利益の目標とそれを実現する13週提案を設定する。その後は，毎週あるいは2週に1回程度，担当者同士で打ち合わせを行い，途中経過の分析や施策の修正を行っている。

　もちろん，プランニング・ミーティングを開始した当初は，従来から行われてきたものとかわらない商談や上席者が同席するだけの会議も多かった。しかし，販売部門内での問題点や成功事例の共有を通じて，課題解決の取り組みが徐々に広がっていった。成功事例のひとつに，販促時の吊下げ商品の展開がある（写真3-1）。写真にみられるような販促において，通常は下の段ボールを隠すためにPOPを貼り付けたりするが，そのスペース（点線部分）に吊下げ商品を配置することで，売上向上につながったという事例である。

　こうして，鮮度重視の戦略や売上・利益目標については，当初は同社の思いや決意を伝えるだけに近かったが，プランニング・ミーティングを繰り返し，実際に鮮度を高めれば売上や利益が上がることを経験的に理解してもらうこと

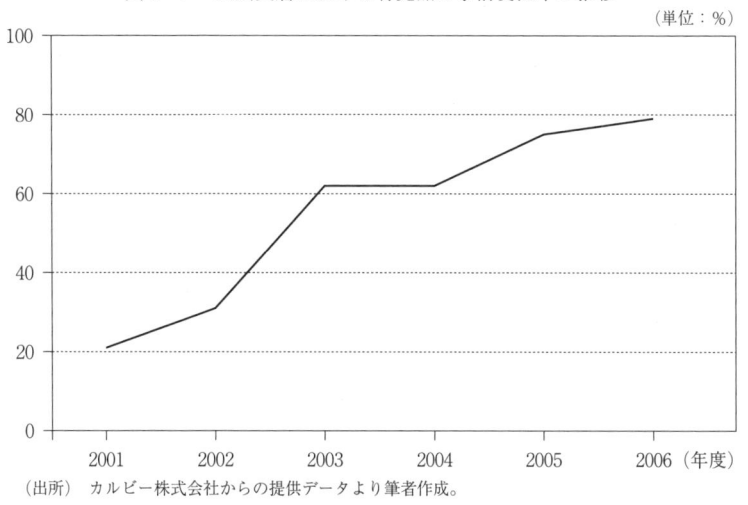

図3-1 九州支店における特売品の事前受注率の推移

(単位:％)

(出所) カルビー株式会社からの提供データより筆者作成。

で，戦略や目標を共有できる小売店が少しずつ増えていった。図3-1は2001年度から2006年度までの特売品の事前受注率の推移を示す。このデータから，2002年度（2003年3月末）までは事前受注率はそれほど伸びておらず，プランニング・ミーティング導入後すぐに4日前発注に対応する小売店が増えたわけではないことがうかがえる。しかし，2003年度に事前受注率は急激に伸びており，この頃からプランニング・ミーティングが浸透していったことがわかる。その後も，同ミーティングを展開していく中で，事前受注率は8割近くにまで達しており，特売品に関する生産・流通オペレーションの移行は無事に完了している。

このように，九州支店ではプランニング・ミーティングの浸透を通じて事前受注率を高めてきたが，同支店ではすべての主要小売店と鮮度重視の戦略を共有できているわけではない。いくつかの主要小売店は価格重視の戦略を採用しており，カルビーからの提案がなかなか採用されない場合もある。九州支店では，こういった小売店に対しても提案営業活動を続けてきている。例えば，POSデータを継続的に入手することは難しいが，直近3カ月程度のPOSデータの開示を依頼し，データ分析に基づいた売り場や売り方の提案を行っている。

こうした提案を続けることで，例えば売価を下げなくても売れる限定商品を採用してもらったり，新商品は発売当初は値引きしなくても売れることから，新商品をタイムリーに仕入れてもらえるようになってきたという動きも出始めている。

　また，カルビー側もすべての小売店と同程度に密接な関係を構築しようと考えているわけではない。小売店の規模や地域での影響力，データの開示状況，協働的な活動のしやすさなど，様々な視点を組み合わせて小売店をグループ分けし，関係構築に重点的に取り組む小売店を特定している。そのため，特定少数の小売店に対しては，先に述べたように地域事業本部長もプランニング・ミーティングに同席し，POSなどの各種データの分析を駆使した13週提案のカスタマイズ版を提示する一方，それ以外の多数の小売店に対しては，営業担当者が標準的な13週提案を行っている。

（3）なかなか戦略を共有できない小売店への対応

　カルビーは，全国的にチェーン展開している小売店への専門的な販売部門（広域販売部門）を有している。対象となるのは大手のGMS，スーパーマーケット，CVS，ドラッグストアの19チェーンであり，売上高で約400億円と同社単体売上高の3割強を占めている。カルビーは，これらの大手小売店ともプランニング・ミーティングを行っており，そのおおまかな流れは前項の九州支店の事例で説明したものとそれほど違わない。ただし，鮮度重視の戦略を十分に共有できていない小売店の割合は，例えば九州支店と比べると，広域販売部門の方がはるかに大きい。なかなか戦略を共有できない小売店への対応については，九州支店の事例でも少し触れたが，本項では広域販売部門の事例を説明しよう。

　カルビーが大手小売店と鮮度重視の戦略を思うように共有できない場合はたいてい，先方のバイヤーやその上司が所属する商品政策部門とうまくコミュニケーションがとれていないことが原因となっている。もちろん，経営トップ同士の交流や工場・圃場（馬鈴薯の畑）の見学ツアー，プランニング・ミーティングのトライアルなどをきっかけに，両社の関係が前向きに発展する場合もあ

る。しかし，それでもコミュニケーションが十分にとれなかった事例のひとつとして，小売店Ａ社が挙げられる。過去，カルビーはＡ社からの取引上の要求を断ったという経緯がある。その際，ライバル社はその要求に応えている。それ以来，Ａ社は販促の対象にライバル社の商品を採用するようになった。一方，カルビーはＡ社から「困ったときに助けてくれない会社」とみなされるようになり，通常の商談は行っていたものの，プランニング・ミーティングのような取り組みに発展することはなかった。「組めない会社」と思われていたからである。

このような状況を打開するには，例えば，販促時の納入価格（以下，納価）をライバル社と同じ水準まで下げるといったように，ライバル社と同程度の取引条件に応えていくしかない。広域販売部門はＡ社に対して，毎回の販促時には無理でも，年に1，2度はそのような条件に応えるようにして，ライバル社よりも売れる実績をつくっていった。従来，カルビーはこのように納価を下げることはあっても，店頭での販売価格（以下，売価）を一定水準以下に下げる安売りには対応していなかった。しかし，2009年6月に米ペプシコ社との業務・資本提携が発表され，同時に経営体制が刷新されて以降，競合対策の一環として売価についても柔軟に対応し始めており，広域販売部門はＡ社のスペシャル販促での大幅な売価値下げの要求にも応えている。このように，ある程度までは先方が提示した条件を飲むことで，Ａ社については販促の対象にカルビーの商品を採用してもらえるようになったのである。それ以降は，プランニング・ミーティングも導入され，その成果を通じて，鮮度へのこだわり，さらには馬鈴薯のトレーサビリティによる安全・安心への取り組みといった，カルビーのポテトビジネスに関するＡ社内での理解が進み，現在ではカルビーとＡ社はがっちりとパートナーシップを組んだ活動を行っている。

ただもちろん，カルビーはむやみに売価対応を仕掛けているわけではない。カテゴリー・リーダーとして，自社や小売店，卸店の利益がなくなるほどの安売りに踏み込むことはできない。今後のグローバル競争を視野に入れて，従来から重視してきた鮮度については既に顧客が求める水準に達しているという認識の下に過度に追求せず，今後はコスト削減にも力を入ることで，小売店が抱

える幅広い課題を解決していこうとしているのである。

第4節　事例からの考察

　本節ではまず，カルビーの事例からの発見事実を，第2節で整理した市場取引型 EDI の外的普及要因を参考にしつつ理論的に解釈する。次に，その理論的解釈を発展させて，協働型 EDI の普及メカニズムを提示することを試みる。最後に，その普及メカニズムから得られる若干の示唆を述べる。

（1）発見事実の理論的解釈

　まず，カルビーの取り組みは協働型 EDI の事例であることを確認しておこう。同社は，小売店から卸店，卸店から同社へ（直接取引を行っている組織小売業の場合は小売店から同社へ），EDI を使って定番品と特売品を区別した発注を行ってもらうことで，実需に基づく生産・流通のオペレーションへと移行している。つまり，カルビーと卸店，小売店は単に定番・特売のフラグがついた受注データをやりとりするだけでなく，同時に業務プロセスを見直している。前節では，特売品を対象とし，業務プロセスの変革の程度が特に大きいカルビーと小売店について，それぞれ営業と商品政策の業務がどのように変わったのかを見てきた。このような取り組みは，第2節（1）で定義した協働型 EDI の事例といえる。

　次に，本題である協働型 EDI の普及要因をみていこう。先に問題意識を整理しておく。2000年10月，カルビーはより広範囲のデータを送受信できる e-お菓子ねっとへと移行した。その結果，定番・特売のフラグをつけた受注が可能となり，受注率が上がれば，生産・流通のオペレーションを見込みベースから実需ベースへと移行することが可能になる。その際，特売品については4日前までに受注する必要があるが，それには小売店が4日前までの発注に協力しなければならない。では，4日前発注が可能な小売店を増やしていく上で，どのような要因が強い影響を及ぼしていたのか。

　小売店にとって4日前までに正式に発注するには，従来からの商品政策の業

務を見直す必要がある。にもかかわらず，そのメリットは小売店にはわかりにくい。「店頭鮮度が上がる」といわれても，それが売上や利益にどのように結びつくのかがみえないのである。そのような状況で，特売品の事前受注率の向上，すなわち協働型 EDI の普及に大きく貢献したのは，九州支店の事例にみられた，小売店が抱える課題解決を通じた戦略共有である。同支店はプランニング・ミーティングに積極的に取り組み，それを繰り返して，鮮度を高めれば売上や利益が上がることを経験的に理解してもらうことで，鮮度重視の戦略を共有できる小売店を少しずつ増やしていったのである。この事実を第2節(2)で把握した市場取引型 EDI の外的普及要因と照らし合わせれば，戦略共有は「信頼／取引風土」といった組織間要因に該当すると考えられる。また，小売店の課題解決は，拡大解釈すれば「取引先への支援」と捉えられなくもないが，カルビーが行っていたのは一方的な支援というよりも協働的な活動である。よって，市場取引型 EDI の普及では注目されていなかった要因と考える方が妥当かもしれない。まとめると，小売店の課題を解決するという協働的な活動を深め，広げていくことで，戦略共有に基づいた信頼関係を構築できる小売店が増えていき，協働型 EDI の普及につながっていったと解釈される。

　さらに，小売店の課題解決に影響を及ぼす組織内要因を2つ挙げることができる。ひとつは，カルビー社内の部門間の協働である。九州支店の事例では，特に販売部門とマーケティング部門が一体となって提案営業を行っていた。販売部門は個々の小売店の事情をよく理解している。一方，マーケティング部門は市場の動向をつかんでおり，加えて各種のデータ分析やツール活用のスキルを有している。課題解決のカルビー側の窓口は販売部門であるが，提案の作成や訴求，評価においては，同部門とマーケティング部門との協働が不可欠である。もうひとつは，経営トップのコミットメントである。主要小売店とのプランニング・ミーティングには執行役員クラスも同席しており，新たに課題解決を始める前に，まず彼らがカルビーの取り組みを説明して，同社のこだわりを知ってもらうことが大切である。さらに課題解決では，広域販売部門の事例でみたように，小売店からハードルの高い要求が提示される場合もある。要求の水準が高いほど，それにどの程度応えていくのかについては，経営トップの意

向が大きく反映される。

　以上の2つの組織内要因のうち，経営トップのコミットメントについては「マネジメント支援」に近いと考えられる。一方，部門間の協働については，それと類似の要因は見当たらない。これは，市場取引型EDIではあまり注目されてこなかった要因なのかもしれない。まとめると，小売店の課題を解決するという協働的な活動を深め，広げていくには，経営トップのコミットメントや部門間の協働の程度を高める必要があると解釈される。

　イノベーション要因については，カルビーの事例からはEDIの技術面やコスト面が普及に大きな影響を及ぼしているという事実を確認することはできなかった。しかし，普及に時間がかかっていたのは確かである。それは，前掲図3－1の事前受注率の推移からも容易にうかがえる。よって，協働型EDIにおいても「経過時間」は普及要因となると解釈される。

（2）課題解決を通じた戦略共有による協働型EDIの普及

　前項の理論的解釈を踏まえて，協働型EDIの普及メカニズムを提示する。これから説明するメカニズムは，前掲表3－1で整理したように消費財製造業と小売業におけるデータ共有の動きがみられる中で，消費財製造業主導での協働型EDIの先進事例であるカルビーの事例に基づいたものであることから，「消費財製造業主導での組織小売業への協働型EDIの普及メカニズム」と位置づけることができる。

　図3－2がそのメカニズムである。市場取引型EDIの外的普及に影響を及ぼしていた組織間要因，組織内要因，イノベーション要因が，同様に協働型EDIの普及要因となる。直接的に普及に影響を与えると考えられるのが「信頼関係の構築」である。この要因は，カルビーの事例にみられる戦略共有を，Hart and Saunders（1997）のモデルにそって解釈したものである。つまり，信頼の程度がEDI普及に影響を及ぼすという因果関係については，市場取引型でも協働型でも同じだと考えられる。しかし，市場取引型EDIはできるだけ多くの取引先に普及させた方がよいのに対して，協働型EDIはすべての取引先に普及させることを目指しているわけではないという違いがある。九州支店

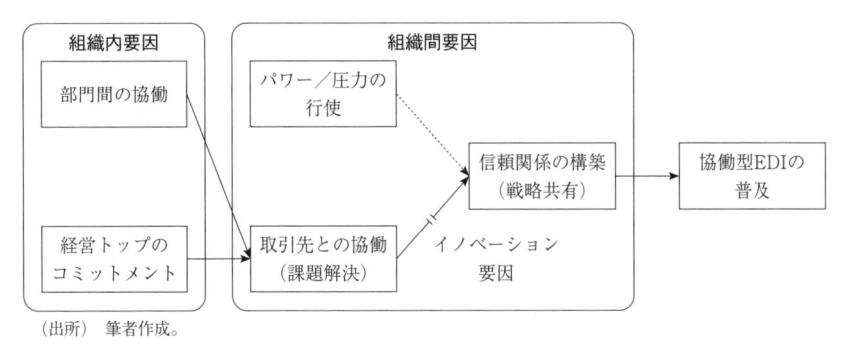

図3-2　協働型EDIの普及メカニズム

```
┌─────────────────┐  ┌─────────────────────────────────────────┐
│   組織内要因      │  │            組織間要因                    │
│ ┌─────────────┐ │  │  ┌─────────────┐                        │
│ │ 部門間の協働  │ │  │  │ パワー/圧力の│                        │
│ └─────────────┘ │  │  │   行使      │                        │
│        │         │  │  └─────────────┘ ┐                     │
│        │         │  │         ┊        ↓                     │
│        ↓         │  │         ┊  ┌─────────────┐  ┌─────────┐│
│                  │  │         ↓  │信頼関係の構築 │→│協働型EDI││
│ ┌─────────────┐ │→ │  ┌─────────────┐(戦略共有) │  │の普及   ││
│ │経営トップの  │ │  │  │取引先との協働│→└─────────────┘ └─────────┘│
│ │コミットメント│ │  │  │(課題解決)   │  イノベーション          │
│ └─────────────┘ │  │  └─────────────┘    要因                │
└─────────────────┘  └─────────────────────────────────────────┘
```

（出所）筆者作成。

の事例では，小売店をグループ分けして，特定少数の小売店との関係構築に重点的に取り組んでいた。このように，協働型EDIでは主要な取引先との間で信頼関係を構築することになると考えられる。

続いて，売り手と買い手の信頼に影響を及ぼす要因について，Hart and Saunders（1997）のモデルでは取引先のパワーを中心に議論がなされていた。「パワー／圧力の行使」は，組織小売業主導の場合は有意な影響を及ぼすかもしれない。しかし，組織小売業へのパワーシフトが進む中，消費財製造業主導の場合には有意性はみられないと考えられる（図中の矢印を点線で示す）。カルビーの事例でも，そのような事実は確認できなかった。

事例にみられたのは，小売店の課題解決という「取引先との協働」を通じた信頼関係の構築である。前項でも述べたように，課題解決は「取引先への支援」，先行研究で言えば，Ramamurthy et al.（1999）が組織間要因に設定した「顧客支援」に該当すると解釈することもできるかもしれないが，本稿では別の要因とみなすことにする。カルビーが行っていたのは，半期単位で目標を共有し，それを実現するための施策を共同で設定した上で，実行・評価を繰り返すという活動である。このような取り組みに，「支援」という言葉を当てはめることは妥当ではないと判断される。

ただし，課題解決のような取引先との協働が信頼関係の構築に結びつくのには時間がかかる（図中の記号╫は時間的な遅れを示す）。これは，Premkumar et al.（1994）と Ramamurthy and Premkumar（1995）の実証研究でも有意性が確認されていた，イノベーション要因の「経過時間」に相当するものである。カルビーが行っている課題解決の取り組みは，今でこそ課題発見の方法論や提案のひな型が確立されているようであるが，九州支店の事例でみたように，開始当初はそれほどうまく立ち上がっていなかった。つまり，市場取引型 EDI における発注作業の軽減やペーパーレスのようなわかりやすいメリットと比べると，協働型 EDI では，本当に成果が上がるかどうかは「やってみなければわからない」場合が多いのである。よって，試行錯誤の期間が必然的に発生すると考えられる。

　図の左端の2つの組織内要因は，取引先との協働の程度を高めるものである。「経営トップのコミットメント」は，Ramamurthy and Premkumar（1995）や Ramamurthy et al.（1999）の実証研究でも有意な要因として抽出されていた「マネジメント支援」に近いと判断される。ただし，カルビーの事例で経営トップが担っていた役割は，後方からの「支援」というよりも，「コミットメント」，つまり「積極的にかかわるべき責務」と表現した方が適当であろう。事例では，経営トップのコミットメントが取引先との協働のきっかけとなり，その幅を広げていく上で，大きな鍵を握っている様子がうかがえた。一方，「部門間の協働」については，類似の要因を取り扱う先行研究をみつけることはできなかった。しかし，カルビーの事例では，販売部門とマーケティング部門の協働は取引先との協働を具体化し，より深める上で，不可欠な活動となっていた。これらの2つの要因は，取引先との協働の程度を高める上での両輪になっていると考えられる。

　以上をまとめると，組織内において，部門間の協働の程度と経営トップのコミットメントの程度を高めることで，個別の取引先との協働が深まっていき，協働に取り組む取引先の幅が広がっていく。こうして協働の程度が高まることで，個別の取引先との信頼の程度が徐々に高まり，信頼関係を構築する取引先の数が少しずつ増えていく。その結果，協働型 EDI が普及していくのである。これが，先行研究のレビューに基づいて整理した市場取引型 EDI の普及要因（第2節（2））と，協働型 EDI の先進事例から抽出した普及要因（第4節

(1))を組み合わせて,要因間の関係をモデル化した,協働型 EDI の普及メカニズムである。

(3) 普及メカニズムからの示唆

最後に,この普及メカニズムから得られる若干の示唆を述べる。

ひとつは,消費財製造業と小売業のデータ共有についてである。前掲表3-1で整理したように,この動きは最近のトレンドではあるが,ほとんどは組織小売業主導で行われている。POS や在庫のデータ共有は,小売業側からみれば,従来から行っている業務の見直しをともなわず,技術的な情報システムさえ構築すれば,それほど労力のかからないものである。これに対して,表3-1の花王や本章で取り上げたカルビーのように,特売に関するデータを小売業から定期的に入手している消費財製造業はあまり多くない。その理由はカルビーの事例でもみたように,小売業側の商品政策業務の大幅な見直しをともなうからである。では消費財製造業はどうすればよいのかをみてきたわけであるが,少し補足しておきたい。

前掲図3-2にしたがえば,協働型 EDI の普及に直接的な影響を及ぼす信頼関係の構築の鍵を握るのは,取引先との協働である。よって消費財製造業は,個々の取引先との協働を深め,協働に取り組む取引先の数を増やす上で,課題解決能力を高める必要がある。カルビーの事例が示すように,小売店の課題解決とは,様々な事情を抱える個々の小売店の売り場から課題を発見して,カスタマイズされた提案を作成し,施策の実行・評価を緻密に行って,最終的には売上や利益の向上といった成果をきちんと出すというものであり,「提案営業」というありふれた言葉では表現しきれない,きわめて要求水準の高い活動である。筆者がカルビーの事例を調査していて印象深かったのは,同社の社員が,このサイクルに落とし込めば必ず成果を出せるという自信をもっていたことである。同社のプランニング・ミーティングは,約9年の歳月の中でかなり高い精度に達していることがうかがえる。よって,消費財製造業が小売業から特売に関するデータを定期的に提供してもらおうと思えば,レベルの高い課題解決能力を備えていなければならないだろう。

もうひとつは，ICTと組織間関係という少しマクロな話である。「情報技術（IT）を活用するには，組織を変える必要がある」，これはよく知られた命題である。同様に，前掲図3-2の「協働型EDIを普及させるには，取引先との協働を通じて，信頼関係を構築する必要がある」という因果関係から，「ICTを活用するには，組織間関係を変える必要がある」という命題を提示できそうである。では，組織間関係をどのように変えるべきかについて，本章では取引先との協働に焦点を当てて議論してきた。これは，売り手と買い手におけるデータ共有や調整，意思決定といった，組織間の「プロセス」を中心にみてきたことを意味している。一方で，信頼関係の構築については，あまり紙幅を割かなかったが，この点については今後議論を深める必要がある。

　信頼のベースは，人と人とのつながりである。そこで，消費財製造業と組織小売業のコミュニケーションの構造に目を向けると，事例の記述からは割愛したが，カルビーの広域販売部門の事例には，売り手と買い手の関係のイメージとしてよく知られている蝶ネクタイ型（⧖）からダイヤモンド型（◇）へのコミュニケーション構造の変化とは少し異なる現象がみられた。一般的には，製造業の営業担当者と小売業のバイヤーの「点」の関係から，加えて，経営トップ間，マネジャー間，物流部門間，情報システム部門間といった階層・機能別の「面」の関係へのコミュニケーション構造の変化が必要だといわれている。しかし，カルビーの広域販売部門の事例では，ダイヤモンド型と同様の階層・機能別のコミュニケーションだけでなく，同部門のマネジャーが境界連結者として機能し，組織小売業の経営トップからマネジャー，バイヤーといったすべての階層とつながる，マルチレベルなコミュニケーションを積極的に行っていたのである。

　現時点での私見を述べれば，境界連結者のマルチレベルなコミュニケーションによる「ネットワーク」の関係は，より安定的な信頼関係の構築に寄与しそうである。組織に異動はつきものである。相手のキーパーソンが替われば，それまで築いてきた信頼関係を失いかねない。その際，こちらのキーパーソンが相手の様々な階層や部門とつながっていることで，信頼を失うリスクを軽減できるのではないか。この見解はまだ十分に検証できているものではないが，

ICT の活用に直接影響を及ぼす要因が信頼というある意味脆弱なものだとすれば，それを維持・強化する組織間の「構造」にも目を向ける必要があるだろう。

注

(1) 調査対象は，同協会の会員団体 59 団体の内，調査協力の意思を示した 38 団体の会員企業 3646 社である。回答企業数は 547 社，回収率は 15％である。この調査では EDI を，「企業と企業の間で，取引に関する情報（データ）や業務遂行上必要な情報を通信ネットワークによりやり取りすること。発注・受注などの取引データの他，画像や，設計図面，仕様書，その他，企業間または業界内で合意された帳票類のやり取りやデジタルコンテンツの売買のためのやり取りも EDI に含む。ただし，やり取りする情報は業界や企業間で定めた書式に従っているものとし，通常の文章を電子メールで送ることは EDI には含まない」と定義している。
(2) EDI 研究の形成過程やそこから導き出される EDI 研究の基礎理論に関する文献レビューについては，佐々木（2001）が詳しい。
(3) 本節の記述は，2010 年 6 月から 8 月に実施したカルビーの情報システム部門，広域販売部門および九州支店のマーケティング部門への計 3 回のインタビュー調査に基づいている。インタビューにご協力いただいた方々，調査への便宜を図ってくださった日本大学商学部の秋川卓也先生に，この場を借りてお礼を述べたい。
(4) カルビーによる鮮度重視のプロセス変革の経緯や，後に述べる九州カンパニー（現，九州支店）での生産・流通プロセスの変革の詳細については，中野（2010）を参照されたい。

参考文献

佐々木宏（2001）『B to B 型組織間関係と IT マネジメント——EDI 採用と普及に関する卸売業者の分析』同文舘出版。
財団法人日本情報処理開発協会（2009）『平成 20 年度我が国産業界における EDI／電子タグ実態調査報告書』。
中野幹久（2007）「企業間情報ネットワーク」歌代豊編著『情報・知識管理』学文社，58-75 頁。
中野幹久（2010）「生産・流通プロセスの変革における部門間の調整——カルビーにおける受注流通生産システムの構築」『組織科学』第 43 巻 4 号，59-72 頁。
Angeles, R., R. Nath, and D. W. Hendon (1998) "An empirical investigation of the level of electronic data interchange (EDI) implementation and its ability to predict EDI system

success measures and EDI implementation factors," *International Journal of Physical Distribution & Logistics Management*, 28(9-10), pp. 773-793.

Bhatt, G. D. (2001) "Business process improvement through electronic data interchange (EDI) systems: An empirical study," *Supply Chain Management: An International Journal*, 6(2), pp. 60-73.

Clark, T. H., and D. B. Stoddard (1996) "Interorganizational business process redesign: Merging technological and process innovation," *Journal of Management Information Systems*, 13(2), pp. 9-28.

Emmelhainz, M. A. (1993) *EDI : A total management guide*, Van Nostrand Reinhold. (阿保栄司・芦澤幸男・岸本陽次郎・浪平博人共訳, 1991, 『物流を根底から変革する EDI 戦略——トータルマネジメントガイド』日本能率協会)

Hart, P., and C. Saunders (1997) "Power and trust: Critical factors in the adoption and use of electronic data interchange," *Organization Science*, 8(1), pp. 23-42.

Hart, P., and C. Saunders (1998) "Emerging electronic partnerships: Antecedents and dimensions of EDI use from the supplier's perspective," *Journal of Management Information Systems*, 14(4), pp. 87-111.

Lee, H. G., T. Clark, and K. Y. Tam (1999) "Can EDI benefit adopters?," *Information Systems Research*, 10(2), pp. 186-195.

Lee, S., and G. G. Lim (2003) "The impact of partnership attributes on EDI implementation success," *Information & Management*, 41(2), pp. 135-148.

Massetti, B., and R. W. Zmud (1996) "Measuring the extent of EDI usage in complex organizations: Strategies and illustrative examples," *MIS Quarterly*, 20(3), pp. 331-345.

Premkumar, G., K. Ramamurthy, and S. Nilakanta (1994) "Implementation of electronic data interchange: An innovation diffusion perspective," *Journal of Management Information Systems*, 11(2), pp. 157-186.

Ramamurthy, K., and G. Premkumar (1995) "Determinants and outcomes of electronic data interchange diffusion," *IEEE Transactions on Engineering Management*, 42(4), pp. 332-351.

Ramamurthy, K., G. Premkumar, and M. R. Crum (1999) "Organizational and interorganizational determinants of EDI diffusion and organizational performance: A causal model," *Journal of Organizational Computing and Electronic Commerce*, 9(4), pp. 253-285.

Riggins, F. J., and T. Mukhopadhyay (1994) "Interdependent benefits from interorganizational systems: Opportunities for business partner reengineering," *Journal of Management Information Systems*, 11(2), pp. 37-57.

Rogers, E. M. (1962) *Diffusion of innovations*, The Free Press of Glencoe. (藤竹暁訳, 1966, 『技術革新の普及過程』培風館)

Smaros, J. (2003) "Collaborative forecasting: A selection of practical approaches," *International Journal of Logistics: Research and Applications*, 6(4), pp. 630-650.

Smaros, J. (2007) "Forecasting collaboration in the European grocery sector: Observations from a case study," *Journal of Operations Management*, 25(3), pp. 702-716.

Stern, L. W., and P. J. Kaufmann (1985) "Electronic data interchange in selected consumer goods industries," in R. D. Buzzell (ed.), *Marketing in an electronic age*, Harvard Business School Press, pp. 52-73.(宮川公男監訳, 1987,『エレクトロニック時代の経営戦略』TBSブリタニカ)

Swatman, P. M., P. A. Swatman, and D. C. Fowler (1994) "A model of EDI integration and strategic business reengineering," *Journal of Strategic Information Systems*, 3(1), pp. 41-60.

Walton, S. V., and J. N. D. Gupta (1999) "Electronic data interchange for process change in an integrated supply chain," *International Journal of Operations & Production Management*, 19(4), pp. 372-388.

(中野幹久)

第4章

協働型製品開発プロセスと取引
―― 自動車部品産業における開発ツールのデジタル化とその影響 ――

第1節　ICT の導入と開発効率のジレンマ

　ICT をどのように使うかは，多くの企業が悩んでいる問題である。特に，単なるものの交換だけではなく，現代企業のように，多くの製品開発活動を外部企業と一緒に行う場合，すなわち協働的な製品開発の際，組織間の ICT に関する理解や能力の差によって必ずしも予想された ICT 化の期待効果が得られない場合も少なくない。この問題は ICT の導入の初期段階だけではなく，現在も問題になっている。企業の製品開発を支える ICT は，企画，設計，生産，調達，販売などの領域と結びついている。設計と生産関連でみると，3次元ソリッドモデルをプロダクトモデルデータとして共有し，設計では CAD（Computer-Aided Design），解釈では CAE（Computer-Aided Engineering）が，製造工程では CAM（Computer-Aided Manufacturing）が，検査工程では CAT（Computer-Aided Testing）が有機的につながるネットワークシステムになっている。

　そこで，本章では，設計作業に用いられる CAD に焦点を当てて，自動車のようにサプライヤーとの協働によって製品開発が行われる場合，ICT 導入による期待効果が得られないのはなぜなのかに注目し，そのメカニズムを究明しようとする。

　これまで 3 次元 CAD 技術に関する一連の研究は，完成品メーカーを中心に，新たな 3 次元 CAD 技術の導入が製品開発やそのプロセスに与える影響を対象としてきた（e.g. Adler, 1989；Robertson and Allen, 1993；青島，1998；延岡，1997；竹田，2000b；青島・延岡，2001）。その中で，青島・延岡（2001）をはじ

めとする多くの実証研究では，3次元 CAD の導入・利用が「製品品質の向上」に影響を与えているが，「開発効率（コストや開発リードタイム）」には直接的な影響が確認されなかったことを報告している。すなわち，3次元 CAD 技術の理論的な期待効果と実証研究の結果との間には不整合性が存在したのである。本研究においても，分析対象として自動車部品メーカーを選択し，実際にデータを収集して分析を行ってみたところ，3次元 CAD 技術の利用と開発効率との間には相関が見出せなかった。なぜ，自動車部品産業では，製品開発において3次元 CAD 技術の導入・利用の増加と開発効率との間に関係性（相関）がみられないのだろうか。

そこで，本章では，3次元 CAD 技術の導入・利用の増加が開発効率に及ぼす影響について，企業間コミュニケーションを視野に入れた因果モデルを構築し，分析することにした。その結果を先取りすると，3次元 CAD 技術は2つのパスを通じて開発効率に影響を与えていることが確認された。すなわち，(a) 3次元 CAD 技術は問題解決サイクルの数を減らして開発リードタイムの短縮に貢献する一方で，(b)企業間コミュニケーションの量や頻度をむしろ増加させる傾向があり，その企業間コミュニケーションを経由したパスが問題解決サイクルの数を今度は増加させるような影響を与えていることがわかったのである。つまり，3次元 CAD 技術は，(a)正と(b)負の2つのパスが効果を打ち消しあうことによって，開発効率との相関がみられなくなっていたのである。

そもそも3次元 CAD 技術は，製品の形状・大きさ・質量・材料といったあらゆる製品属性をデジタル・データ化することができ，製品を3次元画像で表現することで，技術者がコンピュータの画面をみながら製品情報の交換を行うことができる。これを竹田（2000a, 2000b）は「コミュニケーション・ツールとしての機能」と呼んでいる。そのことによって「効率的な」コミュニケーションが実現される（Adler, 1989；Robertson and Allen, 1993；Baba and Nobeoka, 1998）という議論はあったが，かえってコミュニケーションの量や頻度が増えて，「開発スピードを遅らせる効果」や「コスト削減を妨げる効果」に関して指摘されることはあまりなかった。典型的な加工組立産業である自動車産業の場合，開発・生産工数の6～7割を部品メーカーが占めており，部品メーカーの積極

的な開発参加と緊密なコミュニケーションが高いパフォーマンスを達成する上で重要な要因と認識されている（e. g. Clark and Fujimoto, 1991；Dyer, 1996；藤本, 1997）。したがって，3次元 CAD 技術導入によって，自動車メーカーや関連部品メーカーとのコミュニケーションが増加する。

本章の分析結果は，コミュニケーション・ツールとしての3次元 CAD の効果を単に効率に求めるのではなく，コンピュータ画面を通じて，より多くのエンジニアあるいは部門が参加し，より頻繁にコミュニケーションすることで得られる質の向上に求めるべきであることを示唆している。実際，高い視認性を確保できる3次元 CAD 技術は，多くの部品干渉問題を画面上で確認することを容易にし，さらに，低コストで部品干渉のチェックや機能テストなどのシミュレーションを行うことができるだけではなく，仮想組立をも可能にする（e. g. Robertson and Allen, 1993；延岡，1997；青島，1998；Baba and Nobeoka, 1998；竹田・青島・延岡，2001）。よって，複数企業による協働的製品開発を必要とする場合，3次元 CAD の「コミュニケーション・ツールとしての機能」は，開発スピードの向上に直接結びつかないとしても，開発パフォーマンスの質の向上に寄与していると考えられるのである。

第2節　製品開発における3次元 CAD 技術の影響に関するレビュー

本節では，本研究の問題意識と直接的なかかわりをもつ先行研究についてみていく。具体的には，3次元 CAD の導入が製品開発プロセスにもたらす革新性に関して取り扱った研究である。また，自動車産業において，企業間コミュニケーションが果たす役割と，部品メーカーにおける3次元 CAD の導入条件について考察を加える。

（1）3次元 CAD 技術，開発効率，コミュニケーション

3次元 CAD 技術を用いて製品開発プロセスを一新した典型的な好例は，1980年代後半に行われたボーイング777の開発であろう。3次元 CAD 技術を利用することで，ボーイング777の開発リードタイムは大幅に短縮された。

極めて複雑な製品である航空機の設計に3次元CAD技術を導入することによって，多くの部品干渉問題をコンピュータの画面上で見極めることが容易になる。その結果，早期かつ低コストで部品干渉のチェックや機能テストが可能になり，飛躍的な開発パフォーマンスの向上をもたらしたのである（e.g.金丸，1996；青島，1998；Baba and Nobeoka, 1998）。つまり，詳細な製品情報がデジタル・データに変換されるため，設計の途中段階でも画面上でデジタル仮想組立を行うことができる。そうしたシミュレーション機能を十分活用することによって，問題解決の前倒し（Front Loading Problem Solving）が従来よりも容易になり，設計品質の向上に直接的な効果が得られるとともに，試作回数の削減を通じて，開発リードタイムやコスト削減につながったのである（青島，1998；延岡，1997；Thomke and Fujimoto, 2000）。また，機械系製造企業を対象にした青島・延岡（2001）と延岡・竹田・青島（2002）は，同様に3次元CAD使用割合の増加が製品品質の向上をもたらすという。しかし，彼らは3次元CAD技術による分業構造変化に対する組織的対応の欠如が，短期的には開発効率にマイナスの影響を与えている点を指摘している。

一方，3次元CADシステムは製品情報を3次元画像として表現できるため，これまでの暗黙知的な製品情報の多くの部分を形式知化でき，開発にかかわる設計者の間でイメージの共有や情報の形成が可能になる。その点で新たな3次元CAD技術は，コンカレント・エンジニアリングにおける効率性の決定因として重要視されてきたコミュニケーションやコーディネーションにも大きな影響を与える。Robertson and Allen (1993) と Baba and Nobeoka (1998)，竹田（2000a, 2000b）は，3次元CADシステムを用いることによって，より正確な製品情報の認識と共有が可能になるため，異なる部門や専門分野の人々の間におけるコミュニケーションが促進されると指摘している。

また，同一の画面上での製品情報をみながら問題点を議論することができるため，設計者たちの製品に対する理解度は高くなると同時に，問題点の共有も容易になり，効率的なコミュニケーションが期待できる。それによって，画面上でのより正確な製品情報をもとに，後工程で起こりうる問題の検討がしやすくなり，それを前倒しすることで早期に安定化された設計を作り上げることが

促され,結果的に開発リードタイムの短縮につながる (Thomke and Fujimoto, 2000;竹田,2000a;竹田・青島・延岡,2002)。

このように,3次元CAD情報技術は「シミュレーション・ツール」として機能しリードタイムの短縮や製品品質の向上など開発パフォーマンスに好影響を与える一方,従来は個別に分散されていたエンジニアの熟練や経験に頼った設計知識の部分を共有できる形に変換できる。そのため,部品干渉チェックや調整に関するコミュニケーションの効率性を飛躍的に改善させる「コミュニケーション・ツール」としての機能をもっている(竹田,2000a,2000b)。したがって,3次元CADの導入により,視認性の高い製品情報をベースに,他部門との効率的なコミュニケーションが早いタイミングで行われることを可能にし,開発リードタイムの短縮と製品品質の向上が実現されるのである。

他方,3次元CAD情報技術の導入による企業間調整と連携については,多くの問題を事前情報として可視化できるため,組織間の調整量を減少させる可能性が指摘される(竹田,2000a)。また,古典的な重複型コンカレント・エンジニアリング・プロセスによる開発パターンでは,3次元CADがコミュニケーションを補完する技術として認識されているとの指摘もある(楠木,1997)。

(2) 自動車産業の製品開発におけるコミュニケーションと3次元CADの導入

製品開発は,数多くの問題を繰り返し解決しながら顧客満足度を達成するプロセスであり (Clark and Fujimoto, 1991),製品開発のパフォーマンスを高める基本的な要素としては「早期かつ迅速な問題解決」が要求される(藤本,1997;藤本・安本,2000)。特に部品間の相互依存性の高い統合型アーキテクチャ (integral architecture) をもつ製品では,上流と下流の開発ステージを分離し,両ステージのタスクを期間的にオーバーラップさせる「オーバーラップ型」の開発が行われることが多い。開発ステージを重複させると,分離された開発ステージ間または前後の工程間で,より正確な情報連結ができるようになる(延岡,2002)。このような状況では,両者のコミュニケーションを緊密かつ頻繁に図ることが,開発リードタイムの短縮に代表される開発パフォーマンスの向上につながる (Clark and Fujimoto, 1991; Clark and Wheelwright, 1993)。

こうしたオーバーラップ型開発形態と，部門間での濃密・頻繁なコミュニケーションが，日本自動車メーカーの高パフォーマンスの重要な要因であるとされている（Clark and Fujimoto, 1991 ; Dyer, 1996 ; 藤本，1997）。同様に，自動車のように複雑でかつ多くの部品を外部の部品メーカーに依存している産業では，部品ごとに設計とエンジニアリングが多層的に行われており，組立メーカーと部品メーカーとの間で製品開発をオーバーラップしながら同時並行的に進行している傾向が強い。その際，自動車メーカーと部品メーカー間では，緊密かつ頻繁なコミュニケーションを通じて，企業間連携や調整が行われている。特に，製品開発プロセスで発生する問題の7割が部品干渉問題である（藤本，1997）ことを考慮すると，部品の属性によって多少の差はあるものの，設計段階における部品間の機能的・構造的調整や，自動車メーカーの設計変更に伴う部品メーカーとの調整と連携がきわめて重要であると考えられる[(1)]。

　一方，自動車産業における3次元CAD技術の導入は，1990年代における日本の自動車メーカーの開発リードタイムの短縮に大きく貢献している[(2)]。実際に，日本の自動車メーカーは3次元CADとCAE技術を利用し，早い段階で完成度の高い試作車を作り上げることで開発リードタイムの短縮とコスト削減を達成している（延岡，1997 ; 藤本他，2002）。

　このことから，開発リードタイムを短縮するためには，車両開発期間の短縮とあわせて，所要部品の開発，試作，量産，納入を早期に行う必要があることが理解できる。逆にいえば，部品開発を担当する部品メーカーの3次元CADの使用割合の増加とともに，円滑なCADデータの交換のための自動車メーカーとのシステム間連携，すなわちオンライン化され，何時でもデータの交換ができる体制を整えることが重要になる。

　部品メーカーにとっては，3次元CADシステムの互換性の確保がますます重要な意味をもつようになる[(3)]。これらの側面を考慮すると，日本の自動車部品メーカーが，3次元CAD技術を導入・利用する場合，取引先とのシステム的な連携や互換性を維持することが重要になる。つまり，部品メーカーが3次元CAD技術を導入する際，図面データをやりとりするためのシステムのオンライン化と互換性が確保されなければ，新しい技術の導入による効果を得ること

が困難になる。換言すれば,自動車部品メーカーが製品開発に3次元CADを導入・使用する際,自動車メーカーとシステム間の連携及び互換性を確保することが非常に重要となる。これらを本章では「3次元CADのシステミックな利用」と呼ぶことにする。

第3節　3次元CADの2つの効果経路：正と負の効果の打ち消し？

　最初に,分析に用いるデータの調査概要と相関分析の結果に関して説明する。次に,先行研究の成果から,3次元CAD技術のシステミックな利用と企業間コミュニケーションの頻度,問題解決サイクルの数,開発パフォーマンス(または開発効率)との関係を整理し,因果モデルを提示する。その後,実際に分析に用いる変数および方法について説明し,分析を行うことにする。

(1)　調査の概要と相関分析

　分析データは,「自動車産業における部品取引に関する調査1999」(以下,「調査99」)と呼ばれる質問票調査において収集された[4]。この調査は3次元CADの導入が盛んにいわれた時期だった1999年3月に,日本自動車部品工業会会員の1次自動車サプライヤーの418社を対象に実施された。調査99は質問調査表によるアンケート調査とそれに続くインタビュー調査から構成される。調査対象のうち,173社から回答を得ることができ(回収率41.3%),その中から素材メーカーなどを除くと153社のデータが利用可能になった(有効回答率36.6%)。なお,部品の種類については,回答企業の判断に基づいてひとつだけ選択して回答してもらった。ただし,本文で実際に用いるデータは,3次元CADシステムを調査時点で導入していない企業25社と欠損値のあった3社を除いた125社である。

　具体的な質問項目については付録に示すように,4年前(典型的なモデルチェンジ・サイクル)と比べて「どのくらい変わった」かを5点リッカート・スケールで回答してもらった。ただし,開発効率の変数である(製造コストと開発リードタイム)に関しては8点リッカート・スケールである。

第4章　協働型製品開発プロセスと取引

表4-1　部品別度数分布

	エンジン	伝動/駆動	懸架/制動	車体	電装	要素	その他	合計
全サンプル	38 (24.8)	20 (13.1)	10 (6.5)	48 (31.4)	22 (14.4)	12 (7.8)	3 (2.0)	153 (100)
3次元CAD導入企業	27 (21.1)	18 (14.1)	9 (7.0)	47 (36.7)	15 (11.7)	9 (7.0)	3 (2.3)	128 (100)
3次元CAD未導入企業	11	2	1	1	7	3	0	25

(注)　(　)内は相対度数，小数点以下第2位を四捨五入。
(出所)　筆者作成。

表4-2　3次元CADのシステミックな利用と開発パフォーマンス間の相関

開発効率 \ 変数	3次元CAD利用の増加 (X1)	オンライン率の増加 (X2)	自動車メーカーとの互換性の増加 (X3)	製造コストの短縮 (P1)
製造コストの低減 (P1)	−0.032	−0.162	−0.085	1.000
開発リードタイムの短縮 (P2)	−0.062	−0.152	−0.094	0.358**

(注)　**$p<0.01$。
(出所)　筆者作成。

　全サンプルと3次元CADシステム導入企業の部品別内訳は**表4-1**のとおりである。また，納入先別にみると，トヨタ36.2％，日産14.5％，本田12.5％，マツダと三菱が各10.5％となっており，国内マーケットシェアを概ね反映した分布になっている。
　そこで，3次元CAD導入企業128社を取り上げ，最初に，先行研究で主張されているような「3次元CAD技術のシステミックな利用」と「開発効率」との間の相関について分析を行った。結果は**表4-2**にあるようにP1とP2の間の相関を除けば，5％水準でも有意な相関はみられなかった。そこで，こうした現象を説明するために，因果モデルを構築する。

(2)　因果モデルの構築
　第2節での先行研究のレビューから明らかになった点は次のように要約される。
　①3次元CAD技術-問題解決-開発パフォーマンス（開発効率）

理論上，3次元CAD技術は製品情報をデジタル化し，共通の知識ベースで，ビジュアルな設計やシミュレーションを可能にし，それらを有効に利用することで試作回数を削減させ，その結果，開発効率に正（+）の影響を与えることが予測される。しかし，既存の実証研究では3次元CAD技術による開発効率への直接的な正の効果は観測されていない。すなわち，多くの実証研究では3次元CADの理論的な効果の論理的な帰結が支持されていない。その理由の一つとして組織的対応の遅れが問題であるとされており，これは3次元CAD技術導入における過渡期的な問題であることが指摘されている（青島・延岡，2001；藤本他，2002；延岡・竹田・青島，2002）。

②3次元CAD技術-部門間・企業間のコミュニケーション

3次元画面でビジュアルな設計やシミュレーションが可能になるため，エンジニアによる認識の誤差が減少し，より正確な製品情報の交換や共有をもたらし，その結果，部門間コミュニケーションの効率化が期待できる。したがって部門間・企業間の調整量は減少するはずである。また，3次元CAD技術の導入にともない，部品干渉などの後工程で多発する問題を前倒しし，早期の段階で部門間のコミュニケーションを図ることによってリードタイムの短縮につながる。

③企業間調整のコミュニケーション-開発パフォーマンス（開発効率）

部品間の相互依存性が高く，多くの部品の開発・製造工数を外部サプライヤーが担っている自動車産業の場合，開発ステップをオーバーラップさせた開発パターンをとる傾向が高い。その場合，自動車メーカーと部品メーカーとの緊密かつ頻繁なコミュニケーションは，開発リードタイムの短縮につながる。以上，先行研究の成果を図4-1に図示する。

図4-1によると，3次元CAD技術の導入・利用が，理論上，開発リードタイムの短縮やコスト削減，品質向上といった開発パフォーマンスと関係があることが示されている。つまり，実物の試作品を作る前に，パソコン画面上で部品の干渉問題のチェックや機能テストに代表されるシミュレーションが低コストで可能になり，その結果，開発リードタイムの短縮と開発コストの削減につながる。また，先行研究では，3次元CAD導入が効果をあげるのは，3次

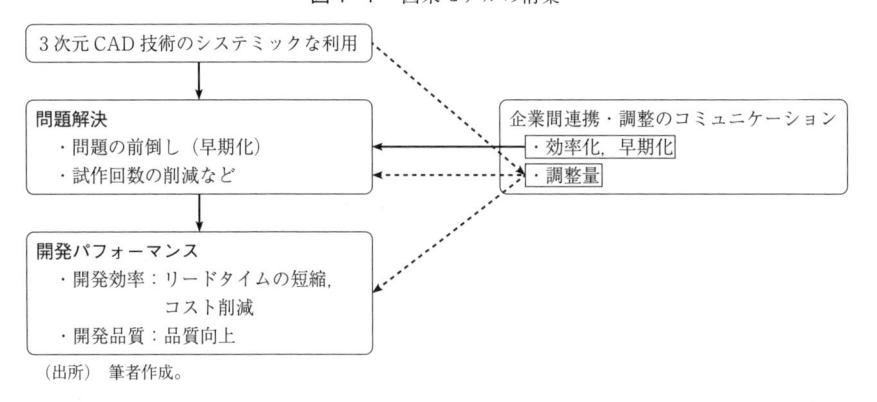

第4章 協働型製品開発プロセスと取引

図4-1 因果モデルの構築

```
┌─────────────────────────────┐
│ 3次元CAD技術のシステミックな利用 │┈┈┈┐
└─────────────────────────────┘   ┊
                                   ↓
┌─────────────────────────────┐   ┌─────────────────────────────────┐
│ 問題解決                      │←──│ 企業間連携・調整のコミュニケーション │
│ ・問題の前倒し（早期化）       │   │ ・効率化，早期化                  │
│ ・試作回数の削減など           │←┈┈│ ・調整量                         │
└─────────────────────────────┘   └─────────────────────────────────┘
        ↓                                ┊
┌─────────────────────────────┐         ┊
│ 開発パフォーマンス              │←┈┈┈┈┈┈┈┘
│ ・開発効率：リードタイムの短縮，│
│         コスト削減             │
│ ・開発品質：品質向上           │
└─────────────────────────────┘
```

（出所）　筆者作成。

元のビジュアルな画面の利用がコミュニケーションの効率化や問題解決の前倒しを容易にし，結果として試作などの問題解決プロセスの短縮化が達成され，開発パフォーマンスに好影響を与えるためであるとされる。図4-1の実線は，これらの関係性を表している。

ところが，前述した3次元CAD技術がもつ理論上の正の効果は，多くの実証研究でその理論的な帰結が支持されていない。先行研究の成果においては，3次元CAD技術は開発パフォーマンスの中で製品品質には正の効果をもたらすが，開発効率には直接的な関係が確認されていない。つまり，3次元CAD技術の効果に対する理論的な帰結と実証研究の結果に不整合性が生じている。なぜ不整合性が生じるのかについて，これまでの先行研究の成果を踏まえつつ，開発活動で重要視される企業間コミュニケーションを考慮しながら，3次元CADの効果を改めて明らかにしたい。なぜならば，先行研究によると，3次元CAD技術はコミュニケーションを介して間接的に「コミュニケーションの効率化」と「コミュニケーション・タイミングの早期化」をもたらしていることを示唆しているからである。ところが，企業間調整量との関係について明示的に触れた研究はあまり見当たらない。

分析対象とする自動車部品産業では，自動車メーカーや関連部品メーカーとの間のコミュニケーションが開発パフォーマンスに重要な役割を果たす産業で

ある。つまり，自動車メーカーと部品メーカーとの間では，設計変更などにともない，頻繁なコミュニケーションを通じて開発リードタイムを短縮してきた。そこで，自動車部品メーカーにおける3次元CADの導入による効果を観測する際，自動車メーカーと部品メーカーとのコミュニケーション頻度を考慮する（点線のパス）と，3次元CAD技術の開発効率への効果は，次に述べる2つの効果が打ち消し合う可能性が出てくる。

　ひとつは，3次元CAD技術の特徴である優れた視認性によって，効率的なコミュニケーションを行うことが可能になるため，開発効率に正の効果をもたらすものである。多くの製品情報が部門間や企業間で共有されると，コミュニケーションの効率が高まり，一回一回のコミュニケーションが濃密に行われるため，企業間・部門間の調整量は減り，結果，開発効率の向上をもたらす正の効果が出るというものである。すなわち，3次元CAD技術を用いることで，より多くの情報が画面上で表現されるため，製品に関する幅広い情報が企業間あるいは部門間で共有可能になる。そのため部品干渉問題や機能テストなどを早い段階で行うことができ，問題の前倒しが容易となる。また，多くの設計・生産の問題が3次元CADの画面で確認可能になるため，認識の共有や相互理解のためのコミュニケーションが減る一方，一回一回のコミュニケーションが濃密に行われる結果，問題解決サイクルの数が減少する。以上より，開発リードタイムの短縮とコストの削減といった開発効率の向上が期待できる。

　もうひとつの効果は，3次元CADによる知識の共有化をベースにコミュニケーションが活性化されるようになり，問題解決サイクルの数があまり減少せず，開発効率に負（－）の効果を与えてしまうものである。従来の設計レビューや量産レビューでは，部品形状や生産状況を一体化したイメージとして認識するにはかなりのノウハウや経験の蓄積が必要であった。そのため，積極的に設計の度合いについて深く議論できる人はある程度限定されており，存在したとしても意見を述べる範囲が限定されていたと考えられる。しかし，これまで少数の頭の中のイメージでしか存在しなかった製品情報が，3次元CADを利用することによって数値情報をベースに画面上で提起されることになり，設計部門をはじめ各部門の構成員が製品情報を理解しやすくなる。そのため，より

多くのエンジニアが積極的に自分の意見や改善案を出せるようになる。例えば，これまで量産段階で多くの問題を抱えていた生産エンジニアの場合，生産工程で起こりうる問題を事前に設計に反映させるように要求することができる。また，関連サプライヤーの部品についても様々な形で部品干渉問題や機能テストなどに関して同時に検討することが可能になる。結果として，より多くの部門間・企業間でコミュニケーションが活性化されるようになる。

ところが，それがある一定（必要以上）の範囲を超えて検討を行うことになり，かえって設計レビューを増加させ，多くの時間やコストを浪費してしまう結果をもたらすと推論できる。すなわち，低い設計変更コストによる無差別な検討作業が，かえって工数の増加をもたらしてしまうのである。こうした効果は問題解決サイクルの数を予想したよりも削減できずに，結果として3次元CADの効果が開発効率につながらないという，負の影響を与えてしまうことが考えられる。さらに，設計者のスキルの不足や不慣れによって前工程の工数に余分な工数がかかったり，後工程の工数が予想より減少しない点からも開発効率が悪化することが考えられる（青島・延岡，2001；延岡・竹田・青島，2002）。

以上で論じたように，3次元CAD技術による開発パフォーマンス（または開発効率）への影響は，「直接的なパス」と「企業間の調整と連携に重要な手段であるコミュニケーションを介する間接的なパス」とに分かれると考えられる。特に，コミュニケーションを考慮してみると，効率的なコミュニケーションによる正の効果とコミュニケーションの活性化による負の効果が共存し，結果として両効果が打ち消し合う可能性がある。そこで，3次元CAD技術と関連性が高いと指摘された諸変数とともに企業間調整量のコミュニケーション頻度（前掲図4-1の点線）を考慮に入れ，開発パフォーマンスの中でも「開発効率」に焦点を当てながら，3次元CADの影響を分析していく。

（3）共分散構造分析：観測変数と潜在変数

共分散構造分析（狩野，1997；豊田，1998）と呼ばれる統計手法を用いて，図4-1で示した因果モデルの妥当性を検討する前に，その分析手法といくつかの概念について若干補足しておこう。

共分散構造分析とは，潜在変数や観測変数に誤差分散や誤差相関を仮定し，それらを考慮した上で潜在変数間の関係を検討することを可能にするという特徴をもった分析方法である。また，潜在変数は構成概念とも呼ばれ，いくつかの共変動を示す変数の背後にあると考えられる共通原因のことである。潜在変数は直接観測することができないため，共変動を示す変数を観測変数として，これを間接的に測定するのである。観測変数の間の分散・共分散をパラメータ（パス係数と独立変数の分散・共分散）の関数で表したものを共分散構造（covariance structure）という。

共分散構造モデルに導入されるそれぞれの潜在変数（構成概念）を構成する観測変数は，付録に示すように作成した。ここでは「3次元 CAD のシステミックな利用（SYS-CAD）」の観測変数（X1～X3）として自動車部品メーカーの特殊な事情（多端末現象とデータの変換問題）を考慮し，3次元 CAD の利用（X1），システムのオンライン化（X2），システムの互換性（X3）の変化を問う質問項目を作成した。

「企業間連携・調整の量（CORD）」の観測変数（C1，C2）としては，前述したように，部品メーカーは自動車メーカーおよび関連部品メーカーとの調整や連携が要求されることから，両者で行われるコミュニケーション頻度の変化を尋ねた。

また，「問題解決サイクルの数（PSC）」の観測変数としては「設計試作レビューの数（R1）」と「量産試作レビューの数（R2）」の変化を尋ねた。設計，試作，実験・評価という製品開発の諸活動は，一連の問題解決サイクルとして把握できる（Clark and Fujimoto, 1991；藤本，1998）。こうした問題解決サイクルでは，試作車ができる前から，途中段階の設計図面（あるいは量産図面）をベースに，関連部門のメンバーが集まり，製品に関する機能性，構造，作業性，材料，信頼性，コストなどについて多用な角度から検討を行っている。それが「設計試作レビュー」や「量産試作レビュー」に当たる。最後に，「開発効率（Efficiency）」の観測変数（P1，P2）としては，「製造コスト（P1）」と「開発リードタイム（P2）」を用いる。なお，これらの観測変数の平均と分散は付録に示している。

（4）共分散構造分析の結果

共分散結果を行った結果，図4-2のような因果モデルを得ることができた。まず，このモデルは χ^2 値が29.724であり，有意確率が $p=0.157$ である。χ^2 値はデータとモデルの距離を χ^2 分布と比較できるように変化した統計量で，モデルが共分散行列構造をもつかどうかを検定するものである。モデルの有意確率0.157は0.05を超えているので，このモデルが共分散行列構造をもつという帰無仮説が棄却されない。そこで，このモデルの適合度をみてみるとGFI＝0.952，AGFI＝0.906と十分に高く，モデルのデータへのフィットネスは非常によいことがわかる。したがって，このモデルを採用し解釈を行うことにする。

モデルに導入された潜在変数（構成概念）と観測変数の間の因果係数は，すべて5％未満の水準で有意で，いずれの構成概念もこれらの観測変数によって適切に測定されることが確認された。(5) また，潜在変数間のパスをみると，いずれのパスもすべて5％未満の水準で有意であった。各潜在変数間の関係をみてみると，「SYS-CAD」は「PSC」と負（-）の関係である。つまり，3次元CADのシステミックな利用の増加は問題解決サイクルの数を減少させるということである。また，「PSC」と「Efficiency」との間は正（+）の関係をもち，問題解決サイクルの数が減ると開発効率が向上することが確認された。

一方，「CORD」に注目してみると，「SYS-CAD」は「CORD」と正（+）の関係である。つまり，3次元CADのシステミックな利用の増加は，企業間連携・調整で行われるコミュニケーション頻度を増加させているのである。しかし，「CORD」と「PSC」との間も正（+）の関係である。つまり，3次元CADのシステミックな利用の増加が企業間連携・調整の量の増加をもたらしており，結果として問題解決サイクルの数を増加させているのである。逆にいえば，コミュニケーションの頻度，すなわち企業間調整量が減ると問題解決サイクルの数が減少することになる。また，「SYS-CAD」から「CORD」を経由して「Efficiency」へ達するパスは確認されない。

すなわち，モデルに現れているように，「SYS-CAD」の「Efficiency」への影響は2つのパスに分かれている。より詳細に各パスをみてみると，

第Ⅱ部　企業間関係の変革

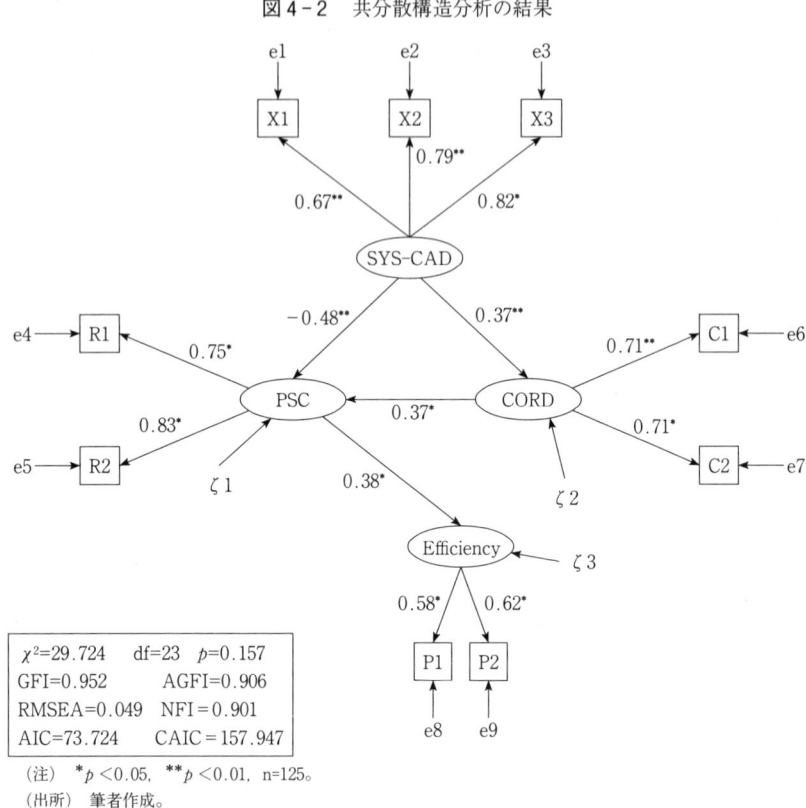

図4-2　共分散構造分析の結果

```
              e1        e2        e3
              ↓         ↓         ↓
             [X1]      [X2]      [X3]
               ↖    0.79**   ↗
            0.67**          0.82*
                  (SYS-CAD)
           -0.48**  ↙    ↘  0.37**
e4→[R1] 0.75*                      0.71** [C1]←e6
         ↘                        ↗
          (PSC) ← 0.37* → (CORD)
         ↗                        ↘
e5→[R2] 0.83*                      0.71* [C2]←e7
          ζ1    0.38*      ζ2
                   ↘
                (Efficiency) ← ζ3
                  ↙       ↘
               0.58*     0.62*
                [P1]     [P2]
                 ↓        ↓
                 e8       e9
```

χ^2=29.724　df=23　p=0.157
GFI=0.952　　AGFI=0.906
RMSEA=0.049　NFI=0.901
AIC=73.724　CAIC=157.947

(注)　*p<0.05, **p<0.01, n=125。
(出所)　筆者作成。

「SYS-CAD」は「Efficiency」を直接的に規定することはなく，問題解決サイクルの数（PSC）を通る経路（「SYS-CAD」→「PSC」→「Efficiency」）と，企業間連携と調整の量（CORD）を通る経路（「SYS-CAD」→「CORD」→「PSC」→「Efficiency」）の２つの間接効果を通じて影響を与えていることがわかる。

ここで，各潜在変数間の相互関係による効果（間接効果，直接効果，総合効果）を検討する。表４-３をみると「SYS-CAD」は「PSC」への効果（+0.139）を経て，開発パフォーマンス（Efficiency）に間接的な効果（−0.129）を与えている。結果として開発効率の向上をもたらしている。他方で，「SYS-CAD」は「CORD」の変化に（+0.371）の直接的な効果を与え

第4章　協働型製品開発プロセスと取引

表4-3　潜在変数間の標準化効果

	効　果	CORD	PSC	Efficiency
SYS-CAD	間接効果	0.000	0.139	−0.129
	直接効果	0.371	−0.482	0.000
	総合効果	0.371	−0.343	−0.129
CORD	間接効果	0.000	0.000	0.141
	直接効果	0.000	0.374	0.000
	総合効果	0.000	0.374	0.141
PSC	間接効果	0.000	0.000	0.377
	直接効果	0.000	0.000	0.377
	総合効果	0.000	0.000	0.377

（出所）　筆者作成。

ているが，「CORD」は「PSC」に（＋0.374）の影響を与えている。このパスは，結局，「Efficiency」には（＋0.141）の間接効果を与え，開発パフォーマンスの改善を妨げていることがわかる。つまり，「3次元CADのシステミックな利用（SYS-CAD）」の増加によって「企業間連携・調整の量（CORD）」のコミュニケーションの増加がもたらされ，それが「問題解決サイクルの数（PSC）」の増加という結果をもたらしているのである。

　要するに，3次元CADのシステミックな利用の増加による問題解決サイクルの数の削減効果によるものと，3次元CADのシステミックな利用の増加にともなった，企業間連携・調整の量の増加による問題解決サイクルの数への増加の影響が共存しており，それらの統合効果が開発効率に影響を与えていると解釈できよう。

第4節　まとめと新しい経営課題の台頭

（1）分析結果のまとめと示唆

　本章では自動車部品産業で3次元CAD技術の製品開発への導入・利用と開発効率との相関が確認されないことに着目し，企業間連携・調整の量のコミュニケーション（企業間コミュニケーションの頻度）を考慮しながら，それらの因果関係を共分散構造分析によって示したものである。分析の結果，3次元

CAD技術は2つのパスを通じて開発効率に影響を与えていることが確認された。すなわち，(a) 3次元CAD技術は問題解決サイクルの数を減らして開発効率の向上に貢献する一方，(b)企業間調整のコミュニケーションの量や頻度をむしろ増加させる傾向があり，その企業間コミュニケーションを経由したパスが問題解決サイクルの数を今度はむしろ増やすような影響を与えていることがわかったのである。つまり，3次元CAD技術による効果は，(a)正と(b)負の2つのパスの効果が打ち消しあうことで，開発効率との相関が観測できなくなっていたのである。

分析結果から，コミュニケーション・ツールとしての3次元CADの効果を単に効率に求めるのではなく，コンピュータ画面を通じて，より多くのエンジニアないし各部門がより頻繁にコミュニケーションを行うことで得られる質の向上に求めるべきであることが示唆される。実際，高い視認性を確保できる3次元CAD技術が有するもうひとつの「シミュレーション・ツール」としての機能によって，多くの部品干渉問題のチェックや機能テスト，仮想組立に代表されるシミュレーションが可能になる。こうした機能を中心とした使い方は開発スピードやコスト削減に直接結びつくことはなくても，製品の品質や機能性を中心にした質の向上に寄与していると考えられよう。前述したように，3次元CADは2次元CADとは違って，製品の形状や材質，構造など，製品属性に関する情報をデジタル・データ化することによって，3次元画面で再現できるため，従来熟練や経験によって図面を読み取り，イメージを把握していたような作業は，比較的簡略化される。つまり，共同開発に参加する部門間・企業間で，コンピュータの画面をみながら製品情報の交換と共有が容易になる。これにより，従来よりも積極的に開発に参加し，活発に議論する現象が増加する。換言すると，日本の自動車部品メーカーは3次元CADを「コミュニケーション・ツール」としての機能（竹田，2000b）として利用していることが因果モデルで確認されたともいえよう。

しかしながら，開発効率の向上をねらった3次元CAD導入が，逆に企業間コミュニケーションを増加させ，それが問題解決サイクルの数を増やし，開発効率に負の影響をもたらしている。これは部品メーカーの3次元CAD技術の

受身的な導入がひとつの要因であると推測できる。

　自動車メーカーが取引部品メーカーを選定する際，品質・コスト・納期が重要な要素となる。そのため，自動車メーカーの目標リードタイムに対応できる納期遵守能力を備えることは，部品メーカーにとって必要最低限の条件である。特に近年，自動車メーカーの設計情報や図面変更情報の大部分が3次元データでやり取りされる状況の下では，図面情報の取得や意見交換を目的とした3次元CADの導入は，部品メーカーにとって取引上の基本的な条件になる。すなわち，部品メーカーは取引関係を維持するために，自動車メーカーと互換性のあるシステムを導入した企業が多いのである。この点で，調査当時，部品メーカーの3次元CADシステムの導入は戦略的な活用を念頭においたものであるというよりも，取引の基本要件を満たすための導入，すなわち受身的な導入傾向が強いと考えるのが妥当だと思われる。

　3次元CADの受身的な導入により，自動車メーカーと関連部品メーカーとの間の3次元CADに対する理解度やスキルのアンバランスを原因とした余分なコミュニケーションの必要性が増加する。また，コミュニケーションの増加はエンジニアの必要以上の豊富な想像力と結合され，ある一定の検討範囲を超えて（必要以上の）様々な形で検討を行うことにより，設計レビューを増加させる。その結果，多くの時間やコストを浪費し，かえって開発効率に悪影響をもたらしていると考えられる。

　これは，部品メーカーの3次元CADに関するスキル習得経路からある程度その原因を推測できよう。部品メーカーの3次元CADに関するスキル習得は，短期間の外部委託教育を実施している場合があり，多くの企業にとってエンジニア個人の学習能力によって習得度が左右されるところがある。また，部品によっては2次メーカーが3次元CADシステムを所有していない場合が多いため，3次元CAD図面を2次元図面に落としてやりとりすることも多い[6]。つまり，バリューチェーンの中で一貫的な図面のやり取りができない状況にある企業も少なくない。この結果，開発に直接に関係しない3次元CADの使い方や図面の解釈などに関するコミュニケーションが余計に増加する。さらに，設計作業者はスキル不足の中で前工程に寄せられる要請に十分対応できず，それに

加えてエンジニア特有の想像力が結合され，必要以上の検討作業が設計および生産レビューの回数を増やしてしまうケースがある。

前述したように，3次元CADは画面上で低コストによる設計変更が容易なため，エンジニア達は必要以上の検討や変更作業を繰り返して行ってしまい，結果として開発効率を低下させる傾向がある。ある大手電子電気自動車部品メーカーの開発本部長は，「思ったより3次元CADの効率性は出ない。出るまでには結構時間がかかってしまった。特にエンジニアの想像力をある程度はコントロールしないと効率の良いツールとして機能しない。」と述べている。簡単に削除や修正ができる3次元CADの特徴が裏目に出ている。

以上で論じたように①自動車メーカーや取引部品メーカーとの間の3次元CADスキル及び理解度のアンバランス，②3次元CADの特徴と設計エンジニアが有する豊富な想像力がもたらす必要以上の検討作業の増加が，部品メーカーの特徴と絡んで過度にコミュニケーションを増加させ，結果的に開発効率に負の影響を与えていると推測できる。

こうした自動車部品産業における問題は，「3次元CAD導入のパラドクス（青島・延岡，2001）」と表すことが可能である。すなわち，3次元CAD技術の利用期間の短さや新技術知識体系に対する組織間のアンバランスによる余分な工数の増加，組織内部の抵抗などの不具合は，新技術の導入期に特有の問題が起きていると考える（具・藤本，2000）。このことから本章が対象とする時期は，自動車部品産業における3次元CAD技術導入プロセスの過渡期であるといえよう。しかしながら，3次元CADの利活用が当たり前になった今日でも，課題は様々な業界で見受けられる。すなわちICTの活用問題は多様な経営的問題を同時考慮しなければならないということであろう。

（2）ICT化による新しい経営課題の台頭と克服

以下では製品開発プロセスに関連するいくつかの問題について言及しておきたい。

第一に，ICT化がもたらす組織能力の共進化の問題である。複数の企業による協働的な製品開発にICTを用いる際，参画企業間で業務プロセス，設計

と生産,サプライチェーンなどとの連携のあり方,コミュニケーションの方法,共有すべき情報の範囲と質,組織的な関係のあり方などを修正しながら,組織能力の向上を図らない限り,ICT化の効果を引き出すことは難しい。すなわち,ICT化の効果は製品開発能力の強化へと進化していくものであろう。

　第二に,デジタル化がもたらす国際競争関係のダイナミズムである。デジタル化は,後発企業のキャッチアップのあり方とそのスピードを一段と変化させる。それによって,先発企業が既存の競争優位性を保持することが難しくなる。Zuboff (1985) が指摘したように,情報システムには作業の自動化 (automate) の能力と意思決定の質の向上に寄与する情報化 (informate) の能力がある。そのため,従来は設計者や生産エンジニアのノウハウや暗黙知として潜んでいたものが,デジタル技術によって形式知化され,かつ開発業務ツールのハードウェアもしくはソフトウェアに埋め込まれる形になった。また,これらの業務に特化した専門企業の登場はその普及を一層加速化することになる。こうした現象を筆者は「技術のパッケージ化」と呼ぶが,パッケージ化された開発のノウハウやスキルがシステム化されたパッケージ商品(ソフトウェアやハードウェア)として市場取引を通じて普及することになり,競争力の格差を縮小させることになったのである。例えば,中国などの新興国でよくみられる模倣品問題とキャッチアップのスピードのアップがその現象であろう。伝統的な競合他社製品のベンチマーキング手法であるリバース・エンジニアリングは,3次元測定機や3次元CADの精度向上にともない,従来に比べてより短時間で,より高い精度で製品情報を入手,分析,複製することが可能になった。それは,新興国企業の技術キャッチアップを早めることを可能にする。その結果として,顧客が製品の差を識別・認知することが難しくなり,製品差別化戦略には限界が生じると同時にますます市場競争が激しくなる。したがって,ICTの普及により,先発企業ではイノベーションや技術の優位性から得られる収益性が低下してしまっている。その点で,持続的な競争力の維持・向上のためには,ICTの活用・普及と同時に開発や生産などの業務プロセスの変化だけではなく,競争力の転換やビジネスシステムの全般における見直しや進化が必要となるだろう。

第三に，ICT の進化によるシステムの冗長性とその制御の問題である。ICT 化はより多くの機能をデジタル化し，機能統合を図りやすくする。こうした技術の発展経路は業務プロセスの複雑性をデジタル化したソフトウェアやシステムに委ねるとシステムの冗長性を増幅させる傾向がある。よって，利用企業にとって業務の非効率性を起こす可能性がある。したがって，ICT 化からプラスの効果を得るためには，自社の開発プロセスや人材・組織能力に合致したデジタルツールの活用と運用が重要である。

　最後に，自動車産業における取引関係の変化についてみてみよう。電気自動車やエコカーの車両開発が重視される中，自動車の電子化，制御のデジタル化（ソフトの複雑化）が進展している。搭載 ECU の数も高級車の場合が約 100 個（普通車は 60〜70 個）にまで上るようになり，電子部品の比重が増加している。同時に制御システムのデジタル化によってソフトウェアの複雑性の指標ともいえる行数（LOC：line of code）が 1000 万行を超えている。こうした技術の進化は，多様な関連技術の融合が必要となり，異業種からの取引比重が増えつつあるものの，必ずしもオープンイノベーションのような形までは進展しているとはいいがたい。製品の統合性が求められる統合型アーキテクチャである自動車の場合，完全なオープン取引よりも，既存の要素技術の改良を軸とする取引関係と，新規システム技術開発と融合を軸とする取引関係において，サプライヤーの属性が異なってくる可能性が高い（具・椙山・高尾・久保，2008）。前者の場合，既存の長期継続取引をベースにした取引関係が，後者の場合，異業種のメーカーが中心になった取引関係が展開される可能性が高いと思われる。その点で開発プロセスの上流と下流において，やや異なったイノベーション・システムが混在する可能性がある。

　また，自動車の電子化・デジタル化は，制御システムの標準化をめぐる競争と，スマートフォンなどにより顧客とのインターフェースの変化がさらなるイノベーションを促すことになるだろう。すなわち，多様な製品間のネットワーク性が求められており，それによって産業の壁を越えたインターフェースの提供と機能の統合化が必然になっている。したがって，製品システムはより複雑なシステムへ進化していくことになるが，その複雑性を克服しようとする組織

第4章 協働型製品開発プロセスと取引

能力が企業存続の鍵になる。また，そのプロセスは多様な産業領域を巻き込みながら，製品システム内の「技術の不均衡（Rosenberg, 1982）」を解消するイノベーションの動きが一層高まり，産業間の連携，技術の融合が増えていくことになるだろう。成熟産業といわれてきた自動車産業は，もはやその形態が変わりつつある。今後の自動車業界の変化から目が離せない。

付録　共分散構造分析に用いられた観測変数の質問項目と相関行列

観測変数は4年前と比べてどのくらい変化したのかについて尋ねた。そのうち，X1～X3，C1，C2は質問（Q1～Q5）がリバースコードであるため，質問項目の回答をQ_iとすると，$6-Q_i$の値に変換した。他の変数（R1，R2，P1，P2）は実際の値をそのまま用いている。なお，質問Q1～Q7は5点リッカート・スケール（①そう変わった，③変わらず，⑤反対に変わった）で回答してもらった。

潜在変数	観測変数	質問項目
3次元CADのシステミックな利用（SYS-CAD）	X1：3次元CADの利用	Q1．この部品の開発作業に3次元CADが使われる比率が高まった。
	X2：システムのオンライン化	Q2．この部品の開発作業に使われるCADがオンラインで自動車メーカーとつながる比率が高まった。
	X3：システムの互換性	Q3．この部品の開発作業に使われるCADと自動車メーカーのCADとの互換性が高まった。
企業間連携・調整の量（CORD）	C1：部品メーカーと自動車メーカーとのコミュニケーションの頻度	Q4．この部品の開発に関して，自動車メーカーとのコミュニケーションの頻度が増えた。
	C2：関連部品メーカーとのコミュニケーションの頻度	Q5．この部品の開発に関して，関連部品メーカーとのコミュニケーション頻度が増えた。
問題解決サイクルの数（PSC）	R1：設計試作レビューの数	Q6．この部品の設計試作レビューが減った。
	R2：量産試作レビューの数	Q7．この部品の量産試作レビューが減った。
開発効率（Efficiency）	P1：製造コスト	Q8．製造原価がどのくらい減りましたか。①50％以上低減，②40％以上，③30％以上，④20％以上，⑤10％以上，⑥10％未満，⑦不変，⑧悪化

	P2：開発リードタイム	Q9. 詳細設計から量産開始までのリードタイムはどのくらい短縮されましたか。①50％以上低減，②40％以上，③30％以上，④20％以上，⑤10％以上，⑥10％未満，⑦不変，⑧悪化

以上の観測変数の間の相関係数は次の通り。

	X1	X2	X3	C1	C2	R1	R2	P1	P2
X1	1.000								
X2	0.535**	1.000							
X3	0.547**	0.649**	1.000						
C1	0.226*	0.233**	0.196*	1.000					
C2	0.261*	0.099	0.245**	0.505**	1.000				
R1	−0.143	0.165	0.172	−0.193*	−0.151	1.000			
R2	−0.084*	0.292**	0.270**	−0.038	−0.109	0.622**	1.000		
P1	−0.032	−0.162	−0.085	0.029	0.044	0.081	0.224**	1.000	
P2	−0.062	−0.152	−0.094	−0.026	−0.027	0.205*	0.173	0.358**	1.000

(注) *$p<0.05$, **$p<0.01$。

3次元CAD導入企業と未導入企業別観測変数の平均と分散は次の通り。

		X1	X2	X3	C1	C2	R1	R2	P1	P2
導入企業	平均	3.992	3.764	3.742	3.703	3.601	2.781	2.711	4.698	4.272
	分散	(0.606)	(0.547)	(0.571)	(0.511)	(0.415)	(0.834)	(0.664)	(2.196)	(2.538)
未導入企業	平均				3.571	3.381	3.000	3.000	5.048	5.381
	分散				(0.357)	(0.348)	(0.400)	(0.421)	(1.648)	(2.048)

［付記］ 本章は「自動車部品産業における3次元CAD技術の導入とその影響──3次元CAD技術，企業間コミュニケーション，開発成果，その因果モデルの探索」『組織科学』37(1)，68-81頁を加筆修正したものである。

注

(1) たとえば，トヨタの承認図取引部品の場合，実際的なサプライヤーの選定は開発のごく初期（製品企画・計画段階）で行われている。そのあと，部品試作，量産価格見積もり，設計変更，部品量産試作などについては部品メーカーとの緊密なコミュニケーショ

ンを通じて内容を煮詰めていく(藤本,1997)。
(2) たとえば,トヨタは3次元デジタル技術(「V-Comm;Virtual Communication」と呼ばれる)を開発に組織的に利用することで,Fun Car go の派生モデルである bB の開発を試作車なしで行うことができた。また,車両開発に3次元デジタル技術を利用することで,開発リードタイムをこれまでの 19 カ月から 13 カ月に短縮した。加えて,設計変更も4分の1に減少させるとともに開発費用も半分以下まで削減したという(筆者のインタビューによる)。
(3) CAD システムの導入において,自動車メーカー各社は異なる機種やソフトウェアを採用しているので,複数の取引先をもつ部品メーカーは各自動車メーカーに対応するために,情報システム端末機を追加的に導入する必要があった。いわゆる「多端末現象」によって,部品メーカーは重複投資やデータ変換問題を抱えている。調査当時である 2000 年代前半はこうした問題が多かったが現在は収斂しつつある。
(4) 調査 99 は藤本隆宏・松尾隆・武石彰らとの共同研究において企画実施されたものである。貴重なデータを使わせていただけたことに対して,ここに記して謝意を表したい。同調査の詳細については藤本・松尾・武石(1999)を参照されたい。
(5) 共分散構造分析の後,確認の意味で行った因子分析や信頼性分析においても同様な結果が得られた。
(6) つまり,部品メーカーは新しい技術を導入しても,それを使用するのは自動車メーカーとの業務に限定され,基本的には2次元図面を用いて開発業務を進めていくケースが多い。これが業務負荷を増やすことになる。また,こうした二重図面作成の負担が組織内部に3次元 CAD 技術に対する抵抗をもたらす場合も少なくない。

参考文献

青島矢一(1998)「'日本型'製品開発プロセスとコンカレント・エンジニアリング——ボーイング 777 開発プロセスとの比較」『一橋論叢』第 120 巻第 5 号,111-135 頁。

青島矢一・延岡健太郎(2001)「3次元 CAD 技術による製品開発プロセスの変革」『日本労働研究雑誌』第 43 巻第 498 号,29-40 頁。

金丸允昭(1996)「ボーイング 777 の國際共同研究」『日本機会学会誌』第 99 巻第 932 号,36-39 頁。

狩野裕(1997)『AMOS, EQS, LISEREL によるグラフィカル多変量解析——目で見る共分散構造分析』現代数学社。

楠木健(1997)「システム文化の組織論」『ビジネスレビュー』第 45 巻第 1 号,129-150 頁。

具承桓・椙山泰生・高尾義明・久保亮一(2008)「系列型エコシステムの形成とプレーヤーの役割——日本の自動車産業におけるイノベーション・システムと技術移転」研究・

技術計画学会第23回年次学術大会,東京大学,2008年10月.

具承桓・藤本隆宏（2000）「自動車部品産業におけるデジタル技術の利用と製品開発――3次元CADを中心に」東京大学日本経済国際共同研究センター, CIRJE ディスカッションペーパー, No. 27.

竹田陽子（2000a）『プロダクト・リアライゼーション戦略――3次元情報技術が製品開発組織に与える影響』白桃書房.

竹田陽子（2000b）「3次元情報技術の導入が製品開発パフォーマンスに与える影響」『組織科学』第33巻第4号, 45-58頁.

竹田陽子（2001）「技術認識の多様性――サプライヤーは3次元情報技術をどのように見ているか」ITME Discussion Paper No. 87.

竹田陽子・青島矢一・延岡健太郎（2001）「新世代3次元CADの導入と製品開発プロセスへの影響」ITME Discussion Paper No. 99.

豊田秀樹（1998）『共分散構造分析「入門編」――構造方程式モデリング』朝倉書房.

延岡健太郎（1997）「新世代CADによる製品開発の革新」『国民経済雑誌』176(6), 63-76頁.

延岡健太郎（2002）『製品開発の知識』日本経済新聞社.

延岡健太郎・竹田陽子・青島矢一（2002）「3次元CADの導入と経営革新」『Computer Today』秋号, No. 112, 53-57頁.

藤本隆宏（1997）『生産システムの進化論』有斐閣.

藤本隆宏（1998）「サプライヤー・システムの構造・機能・発生」藤本隆宏・西口敏宏・伊藤秀史編著『サプライヤー・システム』有斐閣.

藤本隆宏・延岡健太郎・青島矢一・竹田陽子・具承桓（2002）「情報化と企業組織――アーキテクチャと組織能力の視点から」『電子社会と市場経済――情報化と経済システムの変容』新世社.

藤本隆宏・松尾隆・武石彰（1999）「自動車部品取引パターンの発展と変容――我が国1次部品メーカーへのアンケート調査結果を中心に」東京大学日本経済国際共同研究センター, CIRJE ディスカッションペーパー, No. 17.

藤本隆宏・安本雅典（2000）『成功する製品開発――産業間比較の視点』有斐閣.

Adler, P. S. (1989) "Cad/Cam: Managerial Challenges and Research Issues," *IEEE Transactions on Engineering Management*, 36(3), pp. 202-215.

Baba, Y., and K. Nobeoka (1998) "Towards knowledge-based product development: The 3-D CAD model of knowledge creation," *Research Policy*, 26, pp. 643-659.

Clark, K. B., and S. C. Wheelwright (1993) *Managing New Product and Process Development: Text and Cases*. The Free Press.

Clark, K. B., and T. Fujimoto (1991) *Product Development Performance*, Harvard Business School Press.（田村明比古訳, 1993, 『製品開発力』ダイヤモンド社）

Dyer, J. H. (1996) "Specialized Supplier Networks as a Source of Competitive Advantage : Evidence from the Auto Industry," *Strategic Management Journal*, 17, pp. 271-291。

Robertson, D., and T. J. Allen (1993) "CAD System Use and Engineering Performance," *IEEE Transactions on Engineering Management*, 40(3), pp. 274-282.

Rosenberg, N. (1982) *Perspectives on Technology*. Cambridge University Press.

Thomke, S., and T. Fujimoto (2000) "The effect of 'Front-Loading' Problem-Solving on Product Development Performance," *Journal of Product Innovation Management*, 17(2), pp. 128-142.

Zuboff, S. (1985) "Automate/Inforamte : The Two Face of Intelligent Technology," *Organization Dynamics*, Autumn, pp. 4-18.

(具　承桓)

第Ⅲ部

イノベーションと消費者行動の変化

第5章

ICT化によるマーケティング・コンセプトの変容と普及パターンの変化

第1節 ICT化の機能

　今，身の回りをみると，工場における製造現場で活躍しているロボットから，最近では，お掃除ロボや，社内での郵便・書類などの配達ロボ，介護ロボ，パワー・アシスト・ロボ，血管の中を移動し作業のできるようなナノ・ロボットなど多様な能力をもったロボットの時代がひたひたとやってきていることを実感する。また，医療の分野では，ヒトの胚幹細胞（ES細胞：Embryonic Stem Cell）の分離培養技術が確立されつつあり，医療・製薬の各分野への応用研究が一斉に開始されているという。

　我々人類は，古くから火薬（とてつもない破壊機能）の発明など科学技術の発見・発明により生物としての人間の物理的・精神的能力以上の機能を獲得して良くも悪くも進んできた。そこで，本章ではまず，ICT化が我々人間社会にもたらした機能にはどのようなものがあるのかを探り整理をする。それらを踏まえて，マーケティング・コンセプトの変遷をみる。その上でイノベーション／新製品の普及パターンを製品ライフ・サイクルの側面から採り上げ，普及パターンの変化にともなうマーケティング戦略の変容を理解するために製品ライフ・サイクル理論の詳細を追う。

　ITの時代は，生身の人間の能力をはるかに超えた超高速の計算機能と膨大な記憶機能が中心機能であったが，ICTの時代はこれらに加えてさらに瞬時に大量の情報を複数の相手と交信する通信機能をもたらした。通信というと技術的な狭い意味に捉えられがちであるが，ここではビジネスや我々の日常生活の中での意思の疎通といういわゆる相互のコミュニケーションをも意味してい

る。これは,次世代ネットワークにおける五感情報メディアの活用研究のように人間の触覚,嗅覚や味覚など五感すべてを受信後に再生しようという勢いでもある（浅野,2009）。

第2節　マーケティング・コンセプトの変遷

（1）生産志向から顧客志向へ

　マーケティング・コンセプトとは,本来,企業経営に当たって自己の経営資源に基づいて必要とされる市場ニーズに対する考え方である。つまり,マーケティング・コンセプトとは企業のビジネス・スタンスであって,時代とは独立な市場対応である。例えば,現在の中国をみれば沿海部の大都市部と内陸部の農村地域では市場ニーズが違うので異なったビジネス志向が並存する。しかしながら,多くの先進国は,日本も含めて時代とともにその市場ニーズの変化に対応してその重点志向を変えながら発展してきた。

　日本を例にとれば,第二次世界大戦後,モノのない時代には企業の,とりわけ製造業の重点施策は,大量消費の市場ニーズに対応した大量生産に注力する「生産志向」であった。製品でいえば,品不足を潤すには同じものでよく,大量に生産できて,価格は安いに越したことはなかった。やがて,モノが一般世帯に行き渡るとより高品質なモノが求められるようになり,その重点は「製品志向」に移行した。そうこうしている内に売れ残りが生じて在庫が問題となり,経営の重点は「販売志向」へと移った。ここまでくると,それならばはじめから市場が望んでいるものを探り出してそれを実現したものを市場に提供すればよいということに気づき,「顧客志向」の時代になった。この「顧客志向」のことを狭義のマーケティング・コンセプトとも呼び,製造業に限らずほとんどの企業に取り入れられマーケティング・コンセプトが経営理念となっていった。したがって,マーケティングは,会計や財務などと同様マーケティングの4Pに象徴されるような企業の中のある1部門をマネジメントする機能をもつとともに現代企業経営の顧客第一主義という経営理念ともなった。

　そしてモノやサービスが溢れるほど生産され消費されるようになると,資源

の枯渇や環境の破壊が地域や地球規模で生じ始め，企業はこれらに対する責任を社会に対して取ることが必須となってきた。これを社会志向という。グリーン・マーケティング，あるいは日本ではエコ・マーケティングとよばれ，大企業の取り組みが始まった。

経営理念としてのマーケティング・コンセプト（顧客志向）は，1950年代後半に日本生産性本部の代表が米国からマーケティングをもち帰ってから始まり[2]，1970年代いっぱいかかって一般に広がったと考えられる。1970年代後半になると流通の現場，主にスーパーマーケットにPOSシステムが導入され始め，1980年末までには商品コード（いわゆるバーコード）も整備された[3]。これがIT時代に導入された新しい機能であった。

POSシステムとは，スーパーマーケットやコンビニエンス・ストアの店舗で商品を販売するごとに商品の販売情報を記録し，集計結果を在庫管理やマーケティング材料（仕入れ・販売管理）として用いるシステムのことで，「販売時点管理」などとも訳される。緻密な在庫・受発注管理ができるようになる他，複数の店舗の販売動向を比較したり，天候と売り上げを重ね合わせて傾向をつかんだり，他のデータと連携した分析・活用が容易になるというメリットがある。このため，特にフランチャイズ・チェーンなどでマーケティング材料を収集するシステムとして注目さるようになった。しかし，この時代は企業サイドの利用がもっぱらであり，磁気テープや磁気ディスクでデータを本部に届ける時代からファイル転送によるデータ通信の時代へと発達したが，1995年にインターネットが本格的に商用化されたICT時代になってはじめて，消費者が直接メーカーや小売業者と取引まで出来るという双方向のコミュニケーション機能が新たにもたらされた。

さらにインターネットの利用拡大には，パソコンに加えて，日常生活に根本的な変革をもたらした携帯電話での利用が大きな役割を果たした。これによって，IT時代にはなかったネット市場が我々の前に出現した。YahooやGoogleなどの検索エンジン，Amazon.comや楽天市場などの出現は，我々の消費生活をより豊かなものにした。さらに「いつでも，どこでも，何でも，誰でも」がコンピューター・ネットワークを始めとしたネットワークにつながることに

より，様々なサービスが提供され，人々の生活をより豊かにするユビキタス社会に向かっている。例えば，商品にICタグをつけておくことで，生産者や流通経路を記録することもでき，物流管理への貢献が期待されている。[4]

（2）公正志向へ

ICT時代に入って，我々は，生身の人間能力をはるかに超えた大量で迅速なコミュニケーション機能を得た。さらにネットワーキングという機能もSNSやツイッターなどという形で獲得した。このことは，企業にとっても一般消費者にとってもIT時代には考えられなかったメリットであるとともに，ひとつ取り扱いを誤れば相手の名誉を，また企業であればブランドを傷つけ大きな損害をこうむることにもなった。敢えて呼ぶとすれば，我々はネットワーク型超高度消費社会に突入したといっても過言ではない。

これを機能的にみると，いわゆるコンタクト・ポイントが格段に増えたことと考えられる。コンタクト・ポイントとは，顧客との接点を指す。具体的には企業と顧客（潜在客・見込客・新規客・既存客）との接点であり，企業を取り巻くステークホルダーとの接点まで含む場合もあろう。前IT時代やIT時代には，新聞，雑誌，テレビ，ラジオのマス・コミ4媒体やハガキやチラシなどが相当したが，[5] ICT時代に入るとWEB，eメール，固定電話（IVR：Interactive Voice Response〔音声自動応答〕も含めたボイス），携帯電話，携帯メールなどのON-LINEコミュニケーション・ツールでの接点が出現し，双方向のコミュニケーションが現実のものとなった。

こうした現実に対応するマーケティング・コンセプトとして，コトラーは「ホリスティック・マーケティング（holistic marketing）」というコンセプトを提唱している。顧客の利益や満足をすべての起点とし，自社の経営資源と事業パートナーなど外部資源を有機的・統合的に組み合わせて，全社的視点から長期的なマーケティング展開を図るというコンセプトである（Kotler and Keller, 2009）。テレビ，Webサイト，デジタル・サイネージ（電子看板）など多数のメディアを活用・連動させて綿密なコミュニケーションを図ることを指して呼ぶことも多い。日本語としては「全体論的マーケティング」などと訳される。

つまり，すべてのコンタクト・ポイントで統一のとれたコミュニケーションをとりながら，従来からの顧客志向のマーケティングを追求する考え方である。

　ICT時代になって，我々が獲得した双方向のコミュニケーション機能は，企業と顧客の関係にそれ以上の変化をもたらし始めた。コトラーは，彼らの新著，『*Marketing 3.0*』でさらに企業と顧客の関係が深化したものになっていくことを予測している。つまり，これまでのマーケティングの潮流を「製品志向」のマーケティング1.0から「顧客志向」のマーケティング2.0への変化と整理した上で，来たるべきマーケティング3.0は「人間志向」になると予測する (Kotler et al., 2010)。Toffler (1980) が予言した第3の波，情報がやってきて，プロシューマー (prosumer) がこのコミュニケーション機能によって現実のものとなってきた。それも，ホリスティック・マーケティングではいわゆる商品・サービスの共同開発であったものが，マーケティング3.0になるとその対象が社会問題や環境に向けられてきた。

　人間志向のマーケティングとは，顧客を単なる「消費者」としてではなく，多元的で能動的な存在，価値の創造に積極的に関わろうとする人間として理解し，そのような顧客のニーズに応えることを意味する。いくつかの先進的な企業は既に，顧客の参加意識・創造性・コミュニティ意識・理想主義といった深層的なニーズを満足させる製品・サービス・企業文化を提示し始めている。そのようなマーケティングを実現するには，環境・健康・社会問題に取り組む企業の社会的責任を果たすことも重要な要素となる。この流れのひとつをソーシャル・ビジネス・エンタープライズ (SBE：Social Business Enterprise) といい，企業は利潤を株主に配当せず次の社会貢献活動に注ぐという考え方である。その代表例が，バングラデシュのグラミン銀行 (Grameen Bank)[6]である。もうひとつは，途上国の貧困層をより豊かな中間層に変えることを目的とするBOPビジネスである。世界中に約40億人いる年間所得3000ドル以下のBOP (Base of the Economic Pyramid：低所得者層) が対象である (Prahalad, 2005；Hammond et al., 2007)。その取り組みのいくつかを**表5-1**に示す。

　ごく最近の事例を挙げれば，貧困層向けに事業資金を融資し，生活の質の向上を促す活動を行っているグラミン銀行と合弁し，バングラデシュで「ユニク

第Ⅲ部　イノベーションと消費者行動の変化

表5-1　大手企業の主な社会的事業

ダノン（仏） 　バングラデシュや南アフリカで，貧困層向けに栄養価の高いヨーグルトを販売
ユニリーバ（英・オランダ） 　インドの農村で女性販売員を育成。少量詰めのシャンプー，せっけんを安く販売
P＆G（米） 　水を浄化して飲めるようにする粉末を途上国で活動するNGOや国際機関に販売
住友化学 　マラリアを予防するために殺虫剤を練り込んだ蚊帳を，アフリカを中心に販売
味の素 　西アフリカのガーナで，離乳食のトウモロコシのおかゆに混ぜて栄養価を高める食品を開発中

（出所）「ソーシャルビジネスに本腰　大手，途上国へ次々　低価格で販売，雇用も創出」『朝日新聞』2010年7月21日付朝刊，3頁。

ロ」を展開するファーストリテイリング社は，現地の貧困層向けの安価な衣料品の製造・販売と雇用創出を目的とする事業に乗り出すということである（内藤・竹下，2010）。

ここで，こうした世界の思潮の行く先を考えてみよう。世界的な大企業の環境・健康・社会問題への取り組みには，今みてきたようにマーケティング・コンセプトとして，コトラーの人間志向がある。マネジメント分野では，企業の社会的責任（CSR：Corporate Social Responsibility）やサステナビリティ（sustainability）という概念もある。これらは，人間活動，特に企業活動が世界規模になったことで，将来世代のニーズに対応しうる資源利用や地球および地域社会における環境保全に配慮しながら，現在の世代のニーズに対応をしなければならない，ということを示唆している。

さらに，60余年の歴史をもつフェア・トレード運動も，1995年以降ICTの[7]コミュニケーション機能の出現によって各国の組織との交流がそれまでに比較して急速に進み，制度・基準などの整備やネットワーク化の進展が促された。最近の米国のサブプライム・ローンに端を発した金融不安やそれへのオバマ政権の打ち出した法規制や[8]，核廃絶へ向けてのイニシアティブ[9]，チュニジアやエジプトの体制崩壊といった一連の出来事は，萌芽的であるにせよ，そうした公正な社会の必要性を示していると考えられる。

そうした今後の世界に必要なものは何であろうか。格段に早くなり手軽にな

ったコミュニケーション機能を獲得した今，我々に必要なのは，当事者である大統領や首相，企業のCEOたちから現場の担当者たちまでが問題に直面して，ステークホルダーとともに問題を直視して正しい意思決定のできる原理と判断・調整スキルをもつことであろう。

政治やビジネスの舞台はもはや一国を超えて地球規模であり，先進国と新興国の価値観・事情に起因する利害の衝突は多様でその数は増加の一途をたどっている。したがって，政治的信条や宗教から独立して善良な生活の意味を我々がともに考え，避けられない不一致を受け入れられる公共の文化をつくりださなくてはならない。[10]ハーバード大学のマイケル・サンデル教授のいういわゆるJustice，[11]正しい解決策は，コミュニケーションを通して導かれる相互理解から生まれるであろう。特に企業は，さらなる発展を遂げようとするには開発途上国などで貧困問題の解決などに貢献して地域社会に受け入れられなければならない。今後はそういった人類が今までに経験したことのない「共通の正しさ」，ステークホルダーの皆が受容できる解決策を導き出せるマーケター・人材養成が強く求められる「公正志向」の時代に入っていくことになるであろう。

（3）本節のまとめ

ここまでみてきたわが国におけるマーケティング・コンセプトの変遷を，図5-1に示す。生産志向から始まって公正志向に向かった進化の原動力のひとつは，我々がみてきたように，ITとICTという新しい機能を得たことであろう。現在我々は，匿名のために誹謗中傷のもととなる掲示板，未だ評価の付けがたいWikiLeaks，そしてLinux，WikiPedia，実名での会員の紹介からスタートしたSNS，ツイッター，ブログなどのアプリケーション・ソフトを利用しているが，重要なことは，一度発信者が読者から信頼を獲得するとそれを失わないようにしたいという力とネット内での自浄作用が働くことである。

グローバル企業も国内企業も，彼らの行動は世間からコンタクト・ポイントを通して常に観察され，反社会的な行動があればSNS，ツイッターなどで瞬時に批判にさらされてその責任を問われる。前掲表5-1に挙げた企業では，このような環境の中に生きていることをいち早く理解した経営者が存在し，公

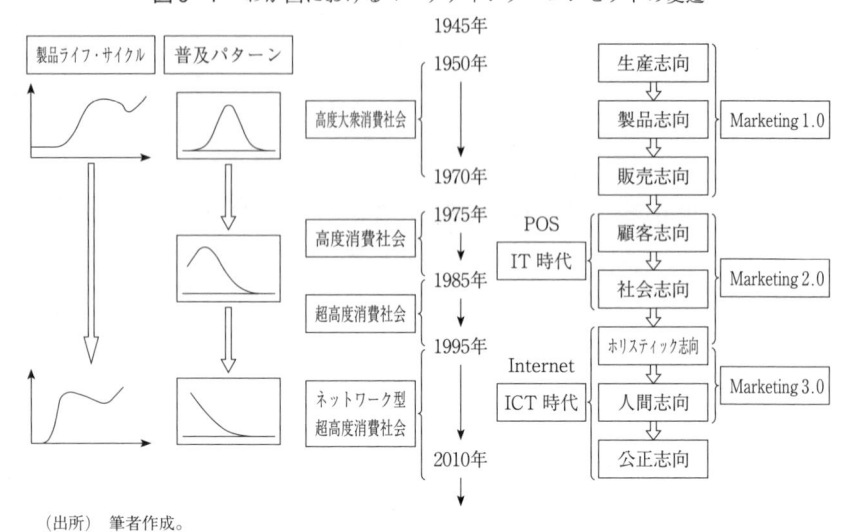

第Ⅲ部 イノベーションと消費者行動の変化

図5-1 わが国におけるマーケティング・コンセプトの変遷

製品ライフ・サイクル	普及パターン		年代		志向	Marketing
		高度大衆消費社会	1945年〜1950年〜1970年		生産志向→製品志向→販売志向	Marketing 1.0
		高度消費社会	1975年〜1985年	POS IT時代	顧客志向→社会志向	Marketing 2.0
		超高度消費社会 ネットワーク型超高度消費社会	1995年〜2010年	Internet ICT時代	ホリスティック志向→人間志向→公正志向	Marketing 3.0

(出所) 筆者作成。

正志向の企業文化が育ち始めているのであろう。環境の変化にいかに対応するか，適者生存の法則を忘れてはならない。

第3節　ICT化と新製品の採用と普及

(1) 製品ライフ・サイクルの概念と歴史

　このようなマーケティング・コンセプトの変遷の中で，新製品の普及パターンはどのような変化を遂げてきたのだろうか。イノベーション／新製品の採用と普及というと誰でも思い出すのは，製品ライフ・サイクル（以下，PLC：Product Life Cycle）によく似たロジャースによる正規分布の普及パターンとそれに布置された5つの採用者カテゴリー（早いものから，革新者，初期少数採用者，前期多数採用者，後期多数採用者，採用遅滞者）の分類であろう（Bohlen and Beal, 1957；Rogers, 1962；図5-2①参照）。また，採用者を革新者と模倣者に大別して数学モデルを構築したバス・モデルもある（Bass, 1969；図5-2②参照）。ただしこれらは，基本的に新しいアイデア，種苗，農薬，耐久消費財の新製品

140

第5章 ICT化によるマーケティング・コンセプトの変容と普及パターンの変化

図5-2 普及パターンと製品ライフ・サイクル

①ロジャースの普及パターンと採用者カテゴリー

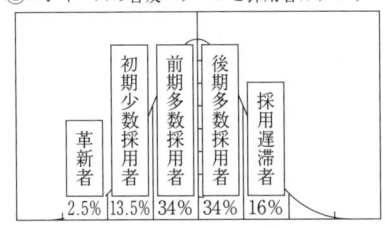

革新者 2.5% / 初期少数採用者 13.5% / 前期多数採用者 34% / 後期多数採用者 34% / 採用遅滞者 16%

②バス・モデルの普及パターンの構造

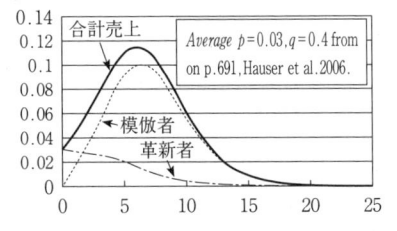

合計売上、模倣者、革新者

$Average\ p=0.03, q=0.4$ from on p.691, Hauser et al. 2006.

③製品ライフ・サイクル

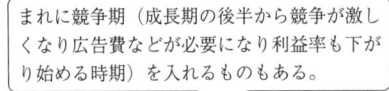

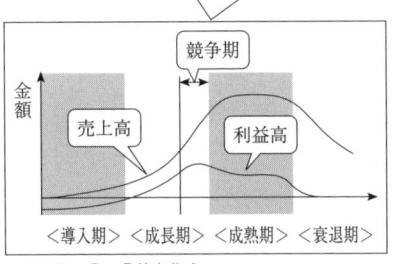

まれに競争期（成長期の後半から競争が激しくなり広告費などが必要になり利益率も下がり始める時期）を入れるものもある。

金額／売上高／利益高／競争期
〈導入期〉〈成長期〉〈成熟期〉〈衰退期〉

④製品ライフ・サイクルの転換点

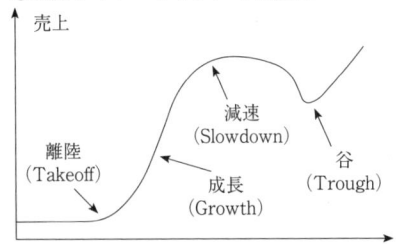

売上／離陸（Takeoff）／成長（Growth）／減速（Slowdown）／谷（Trough）

(出所) ①〜④筆者作成。

の普及，つまりその対象を初回購入に限っており，繰返し購入や買い増し購入，買い替え購入は含まれていない，ということに注意すべきである。

PLCもまた，イノベーションや新製品の成長と普及の様子をみるためによく使われる。新製品は図5-2③に示したような導入期，成長期，成熟期，衰退期を経る，という直感的なその基本パターンは，学会，実業界を問わず周知のものであろう。PLCは，その対象に初回購入に限らず，繰返し購入，買い増し購入，買い替え購入を含むもので，その大きな役割はマーケティングやマネジメントの戦略などの教育に最もよく使われる考え方である。

これら2つの考え方のうち，ロジャース・モデルとバス・モデルについては，日本においても十分説明されてきた（山田・古川，1995；山田，1998）。そこで本節では，やや手薄なPLCを詳しく説明したい。まず，PLCの始まりから現

在までを説明する。ここでは，イノベーションの普及に関するサーベイ論文である Mahajan and Muller（1979），Mahajan et al.（1990），Hauser et al.（2006），Peres et al.（2010）や Google Scholar などの検索ソフトを使用して，可能な限り偏見を排除しながら重要な文献を採り上げて論じていく。その上で ICT 化によって企業と消費者がどのように変わり，その相互作用の結果，PLC のパターンやマーケティング戦略がどのように変化してきたのかをみていく。

（2）製品ライフ・サイクル概念の登場

　Muhs（1985）によれば，PLC 概念の起源は明確に特定できるものではなく，むしろ複数の原型となる考え方が次第に今の基本概念を形成したものと考えた方がよいとされる。まず，Kleppner（1931）が『広告手続き（Advertising Procedure）』という教科書の中で新製品は「パイオニア期（Pioneering Stage）」，「競争期（Competitive Stage）」，「維持期（Retentive Stage）」を経過していくので，広告は当該製品のそれぞれの期に合わせて行うべきだということを提唱した。すなわち，パイオニア期では，消費者はその製品がどのようなニーズを解決してくれるのか教育されていなければならず，このニーズがいたるところで認知され，代替ブランドが提供され始めると競争期に入り，維持期では広告主は何もせず既に満足した顧客を維持している状態だと捉えられていた。彼は広告における PLC を「広告スパイラル（Advertising Spiral）」と名づけ，この 3 期が繰り返して製品が進化することを提唱している。ただ，クレップナーのサイクルは売上ではなく消費者の態度で計られ，製品そのものを対象としていたわけではなかった。

　次にムースが挙げたのは，Jones（1957）である。ここではじめて，我々が知っているような完全な形の PLC が発表された。ジョーンズは，Booz Allen Hamilton 社の新製品開発のマネジャーで，会社の包括的なマネジメント研究プロジェクトの結果として，大量の新製品の売上データから PLC カーブの存在を発表した。我々がよく知る導入期，成長期，成熟期，衰退期に加え，飽和期が成熟期と衰退期の間に位置づけられていた。興味深いことに，この時点で彼はサイクルが短くなってきていることを既に報告している。しかし，後の

PLCに関する論文において,誰もこのジョーンズ論文に触れていないとのことである。

このようにPLC概念の起源は不明であるが,Levitt (1965) で今の基本的な予測と事前計画のマネジメント・ツールとしての位置は確立されていたと考えられる。その後,*Journal of Marketing*でDay (1981) がPLCの特別セクションを担当し,PLCの概念,パターンの多様性,実証的な問題に関する論文が掲載された。中でもQualls et al. (1981) は,1922~1979年にわたって37の家電製品について導入期間が次第に短くなってきていることをはじめて実証している。

しかしながら,Wood (1990) は,製品寿命は一定でなく多様であり,各期がいつ始まりどのくらい持続するかなど単純なPLC概念では対応できなくなってきており,一方データ収集能力やその分析方法も進歩してきたので,この辺りでPLC概念を教えることをやめるべきであると提案している。1950年後半から1960年前半までは,セグメンテーションもコミュニケーションも洗練されていないが技術は比較的安定していた市場環境に適合し,消費財のブランドと製品のマネジメントに焦点を当ててPLC概念を適用できたけれども,1980年後半までくると,IT化にともなう市場環境の変化によって破綻が生じてきたと考えられる。

(3) 製品ライフ・サイクルは短縮化しているのか

Bayus (1994) は,PLCが徐々に短くなってきていると考える世間一般の見解を精査する目的で直接,間接にPLC概念に関係した現象を研究した。使用された製品のデータは,1980年初頭から1990年初頭のパーソナル・コンピュータである。まさにIT時代のシンボル的製品である。しかし,業界レベル(例:コンピュータ),製品カテゴリー・レベル(例:パーソナル・コンピュータ),製品技術レベル(例:16 bit CPU),製品モデル・レベル(例:IBM PS/2 MODEL 30)のいずれの分析レベルにおいても,PLCが短くなってきているという強い実証的な証拠は発見されなかった。Wood (1990) には,Demand Life Cycles, Demand Technology Life Cycles, Industry Life Cycles, Product

Category Life Cycles, Product Class Life Cycles, Product Form Life Cycles, Brand Life Cycles という分類がみられる。1990年代に入ると，PLC の実証研究において分析レベルを区分する必要性が認識されるようになってきたといえよう。

　この研究でどのように PLC が測定され比較されたかその方法を紹介しておくことは，次に紹介する3つの研究を理解する上でも役に立つ上，最近のPLC 研究を知る上で重要である。PLC の基本的パターンは売上個数の推移を記述したもので，前掲図5-2③に示したように導入期，成長期，成熟期，衰退期の4期を経る。このような，ひとつのピークをもつ PLC パターンは，実は多くの PLC パターンのひとつに過ぎない。例えば Tellis and Crawford (1981, Figure 1, p. 126) の PLC パターンには，再び売上が成長していくものもあれば，複数のピークをもつもの，ファッド（一時的な流行）のような成熟期のわからないものなどがある。注意しなくてはならないのは，この中には寿命がまだ終わっていない状態のものもあることである。このような種々のパターンの中で，歴史的にはその基本的パターンだけが詳細に記述・研究されてきたということである。

　これまでの研究の一致した見解では，製品カテゴリーが最も有益な分析レベルであるということである。何故なら，このカテゴリー・レベルでは，観察される市場の発展が企業間の戦略の違いや競争の結果に強く影響を受けるからである (Czepiel, 1992)[14]。図5-2③は，ブランド・レベルや技術レベルを含む他の製品市場にも適用される。概念的にいえば，PLC の時間幅は，新製品の市場への導入から撤退までである。しかし，製品市場の分析レベルによってPLC の長さは変わるだろう。例えば，モデル・ライフ・サイクルは技術ライフ・サイクルより短いし，技術ライフ・サイクルは製品カテゴリー・ライフ・サイクルより一般的に短いことが期待される。工業製品や耐久消費財，ハイテク製品のように，多くの製品は短命であることは明らかである。しかしながら，問題は，長期的にみて PLC がシステマティックに短くなっているかどうかということである。

　実際，PLC 全体にわたるデータをすべてのレベルで収集することが一般的

に困難なために,PLCが長期的に短くなってきていることを検証することは非常に難しい。このために,この分野の研究者たちは,一般的に,業界レベルか製品カテゴリー・レベルのデータを使用して間接的なアプローチをとってきた。ライフ・サイクル全体にわたる長さは一般的に直接分析されなかった。代わりに,導入期の売上成長率あるいは浸透レベルに焦点を当てる傾向がみられる。そこでは,売上成長率が製品の上市年月日に統計的に相関していることが明らかにされてきた。[15] 統計的に有意な正の相関,すなわち1920,1930,……,1970,1980年と調査年代が進むにつれて売上成長率が高くなっている関係は,PLCが少なくとも導入期と成長期で年々短くなっていることを示唆していると解釈される。

一方でベイヤスは,製品に関する多くの研究結果を調査し,上市時期と導入期の売上成長率の相関係数が統計学的に有意に正になることをもってPLCが短くなっているという結論を得ようとしたが,有意な結果は得られなかった。というのも,どの時点をみても,以前より多くの製品が市場に出回っているからである。企業は新製品投入活動を活発にする一方で,製品の撤退をさほど進めないために,市場には新製品が出た後も安価な既存製品が残り続けているのである。このように,企業は各種の小売業態を通じて消費者に無限の選択肢を与え,この製品の複雑性(わずかな違いしかない製品群)からの売上げで新製品の開発資金とマーケティング・コストを賄うため,一貫したPLCの短縮化の測定が困難なのである。このような企業行動によって,衰退期はわかりづらくなっている。

(4) 離陸のしきい値という概念の登場

Golder and Tellis(1997)は,はじめて「離陸(takeoff)」の問題について切り込んでいる。彼らによれば,新製品を上市してから急激に売れ出す転換点(図5-2④参照)や,導入期から成長期に変わる転換点(図5-2③参照)が,「離陸(takeoff)」ということになる。

ゴールダーらは,およそ以下のように述べている。家庭用耐久消費財の新製品に一貫して観察されるパターンは,その初期に売上がドラマティックに増加

する離陸パターンである。それは肘のような形で現れる傾向があり，平均400％を超える売上増加を示す。これに対して普及モデルやほとんどのマーケティングの教科書は，これらの耐久消費財の売上を一般的に緩やかな売上曲線として描いている。新製品担当のマネジャーたちは離陸やそれに付随する特徴についてはほとんど何の考えももっておらず，彼らの多くは，成功した耐久消費財の新製品のほとんどが離陸を明確に示していたことを知らないという。そのため，彼らの売上予測は，直線的な成長を示す傾向がある。

しかし，この離陸に関する知識は，マネジャーが新製品を支援し続けるのか，増やすのか，あるいは打ち切るのか，という意思決定をする上で欠かせないものである。業界アナリストにとっても，新製品の補完品や代替品に関して投資家や製造業者にアドバイスをするときに重要な知識となる。にもかかわらず，一般に新製品の売上成長に関する研究において用いられる普及モデルは，新製品の離陸という現象を明示的には取り上げてこなかった。実際，普及論の研究者たちは，しばしば離陸点以降のデータを用いている（Mahajan et al., 1990）。そのため，離陸について何も知らず，この現象を捉える適切なモデルについても何も知らないのである。ゴールダーらは，このように指摘した上で，この離陸という現象を研究するに当たって(i)新しく上市された製品が離陸するのに必要な時間はどれほどか，(ii)離陸は何かシステマティックなパターンをもつか，(iii)離陸は予測可能か，という問いを提示している。

ゴールダーらは，いつ離陸が起こったかを決めるために操作的な尺度の開発から始めた。導入期の売上個数（ベース・レベル）が平均より低いときには何の前触れもなく比較的大きな売上増加が起こり，逆に，ベース・レベルが高いときには，その増加幅が小さいことを発見した。この発見を基に彼らは，すべての製品カテゴリーにわたって離陸の「しきい値」という共通の概念を開発した。彼らは，横軸に売上個数のベース・レベルを，縦軸にしきい値としての売上個数の成長割合をそれぞれ布置してグラフ化し，個別カテゴリーのベース・レベルに対する成長割合が当該しきい値を超える最初の年を，そのカテゴリーの離陸と定義した。彼らは，このしきい値測定法を用いて，全分析対象のうち90％を超えるカテゴリーで，正しく離陸を特定した。[16]

さらに彼らは，離陸の予測モデルとして，ハザード・モデルを採用した。主な独立変数としては，価格，上市年，市場浸透率をその他の変数と共に採用している。このハザード・モデルは時間に基づいた事象の分析に有効で非常によく離陸のパターンにフィットし，価格と上市年が離陸の瞬間発生確率と強い相関関係をもつことを示した。この結果から，離陸の時期，離陸時の価格の引き下げ，名目価格，売上浸透率についての一般的な理論化の可能性をもたらした。主要な結果と貢献は，以下のとおりである。

①第二次世界大戦後の16の製品カテゴリーでは，離陸時の価格は上市時の価格の63％であり，離陸時期は6年，売上浸透率は1.7％であった。
②離陸までの時間は，より最近の製品カテゴリーにおいて短縮化している。例えば第二次世界大戦前のカテゴリーでは18年であるのに対し，第二次世界大戦後のカテゴリーでは6年であった。[17]
③多くの製品で1000ドル，500ドル，100ドル（名目価格）という3つの価格付近で離陸している。
④ハザード・モデルを使い，どのように離陸時期を予測するかを示した。このモデルでは，1年前の時点では，期待平均誤差1.2年で離陸時期を予測している。また，上市時点では1.9年の期待平均誤差で予測している。このモデルによる予測精度の向上は，最近の製品カテゴリーの単純平均6年という離陸時間を考えるとすばらしい予測精度と言えよう。それは，新製品がいつ離陸するかまったくわからなかったマネジャーたちには計り知れない改善だと理解できるだろう。
⑤ゴールダーらの離陸時期を決めるしきい値ルールが重要なのは，売上個数が大きく増加したときに実際の離陸と見誤ることを避けることができる点である。

彼らの研究のひとつの問題点は，この研究に使った独立変数が内生的なバイアスの問題をもっていることである。今後は，これを解決する変数や方法の開発が望まれる。また，代替品に対する比較優位や補完品の存在のような独立変数の追加も必要かもしれない。それでもなお，彼らの貢献は大きい。なぜなら，この研究で提案されたハザード・モデルを使って，例えば売上の離陸から成長

の減速までの期間を研究できるからである。その知見は，新製品担当マネジャーたちにとって大変重要なものになるであろう。

第4節　製品ライフ・サイクル研究の新アプローチ

(1) 情報カスケード

　PLCの研究は，このようにもっぱら普及の役割について焦点を当ててきた。それに対し Golder and Tellis (2004) は，普及論とともに情報カスケードという新しい理論を用いて仮説を開発し，検証している。より広い理論的な視点からPLC概念を研究したのは，この分野では彼らがはじめてである。

　情報カスケード（Informational cascades）とは，人々がイノベーションをあまりに急激に採用し始めるために，その勢いに押された他の多くの人々が，そのメリットを自分で評価することをやめてただただ採用するようになることである（Bikhchandani et al., 1992, 1998）。その要点は，人々は自分自身の私的な情報に基づいて意思決定をするのだが，彼らの意思決定は他の人々の意思決定の影響も受けているということにある。[18]

　消費者は何らかのメリットを感じた新製品を採用するが，彼らの採用がまだ採用していない消費者へシグナルを送る。まだ採用していない消費者の中には，先に採用した消費者たちの行動によって何らかの影響を受け，その新製品を採用する者もいる。採用者数が増えてくると，彼らはますます強いシグナルをまだ採用していない消費者たちに送るようになる。他の消費者の意思決定からくる情報が個人の私的な評価を凌駕すると，より多くの消費者が同じ行動に向かい，カスケードが始まる。すなわち，採用者が急増する。ここまでくると，新規採用者は追加的な私的な市場情報は何らもっていない。

　このように，採用行動の情報カスケードは，すべての採用者の累積的な意思決定よりも，むしろ少数の採用者の初期意思決定に起因している。特筆すべきは，この特徴は，情報カスケードを非常に脆弱にもしている，ということである。なぜなら，先に新製品を採用する少数の消費者の意思決定に影響を与える情報によって，情報カスケードが簡単に引き起こされたり反転されたりするこ

とになる。カスケードは，新製品の離陸前売上を押し下げたり，離陸を鋭くしたり，製品の成長を際立たせたり，成熟期の始めに売上成長を反転させたりすることができるのである。これらの点について詳しくみていこう。

　導入期においてはほとんどの人が新製品を購入していないため，消費者はこの市場情報を使って自分も同様の意思決定を行い，ほとんど購入しない。この意思決定は，私的な情報だけでその新製品を購入していたかもしれない消費者にさえ起こりうる。その結果，新製品の早期の売上は抑えられて，新製品の潜在効用から考えられるより長い離陸時間がかかることになる（Golder and Tellis, 1997 ; Tellis et al., 2003）。

　一方，かなり大きな消費者セグメントがその新製品を採用すると，他の消費者はその情報を基にしてこの新製品を購入することに決める。こうした購入は，たとえ彼ら自身の私的な評価が「その新製品を購入すべきではない」としていたとしても起こるだろう。こうした正の情報カスケードにおいては，厳密な費用対効用分析で期待されるよりも多くの消費者が購入する。

　新製品の採用に向けた消費者の情報カスケードは，どこかで終わる。新製品の効用の成長速度が遅くなる，ライバル技術の発表，金利の上昇や不景気の始まりのような経済的な環境の変化が情報カスケード終了の潜在的な引き金となる。いったん購入を控える者が出て，他の消費者たちも購入を控えていることを知るようになると，負の情報カスケードが始動する。その結果，売上の減速は穏やかな平坦化ではなくて成熟期の初期段階で売上減となるかもしれない。例えば，2007～2008年に起きた中国製冷凍餃子中毒事件後の一般消費者の中国製食品に対する急激な買い控え行動などが，この負の情報カスケードに相当するだろう。

　前節ではPLCの離陸についてみたが，ここでは減速（slowdown）が焦点となる。減速とは，PLCの成長期から成熟期への転換点を意味する（前掲図5-2④参照）。この減速点は，それまでの急激な勢いを保ったままの成長期とは異なり，製品カテゴリーの売上増加が緩やかになったり一時的に減少したりする期間である。この研究の結果は，多用なPLCに適用できるということでも貴重である。

（2）PLCについて検証可能な11個の仮説

Golder and Tellis（2004）は，標準的な経済理論，普及論とともに上述の情報カスケード理論を用い，耐久消費財の新製品に関するPLCについて検証可能11の仮説を立てた。最初の9仮説は情報カスケードの役割を我々が評価するのに役立つもので，最後の2仮説は，先行研究で研究されていない普及論から導出された予測である。それぞれ，以下の通りである。

仮説1　GNPの低下は成長期間を短くする（情報カスケード）。

仮説2　減速点での売上減は，GNPの変化に比例する（経済理論）。

仮説3　離陸点での売上増は，GNPの変化に比例する（経済理論）。

情報カスケードに基づく仮説1と，標準的経済理論に基づく仮説2および3は，互いに競合していることに注意しなければならない。もし仮説2と3が支持され，仮説1が支持されなければ，それはGNPの役割が主に経済的（収入など）変化であることを意味する。これに対して，もし仮説1が支持されて仮説2と3が支持されなければ，それは情報カスケードが支持されたことになる。もし，これら3つの仮説がすべて棄却されたり，すべて支持されたりすれば，この競合する2つの理論の説明の優劣は決まらない。

次に，情報カスケードは他者の買い物行動に影響される現象であるため，その強さは個々の製品によって違ってくる。そこで，彼らは，売上が急に上昇したら必ず売上下降も急になるとして仮説4を，同様の論理で仮説5も立てている。しかし，筆者の知るところでは，バス・モデルも潜在市場の大きさを通常一定と設定しているので，急激に売れればまだ購入していない人数も急激に減るので，普及論の検証にもなることを付言しておく。

仮説4　離陸点で大きな売上増加を示す製品は，減速点で大きな売上減を示すだろう（情報カスケード）。

仮説5　成長期で高い成長率を示す製品は，減速点でより大きな売上減を示すだろう（情報カスケード）。

仮説6　レジャー高揚製品（leisure-enhancing product：TV，ラジオ，CDプレーヤー，VCRなど）は，非レジャー高揚製品より高い成長率を示すだろう（情報カスケード）。

仮説 7　省時間製品（time-saving product：電気洗濯機，衣類乾燥機など）は，非省時間製品より低い成長率を示すだろう（情報カスケード）。

仮説 8　レジャー高揚製品は，成長期間に対して負の効果（短くなる）を示すだろう（情報カスケード）。

仮説 9　省時間製品は，成長期間に対して正の効果（長くなる）を示すだろう（情報カスケード）。

次に，普及論の市場浸透率から考えてみる。イノベーションの採用は採用率50％でピークをもつ正規分布を示すことが知られている（Mahajan et al., 1990；Rogers, 1995）。しかしながら，究極市場浸透率は製品によって異なる。ほとんどすべての人が採用するような TV とか電話のような製品は高い究極市場浸透率を示し，レーダー探知機や電気カミソリのような製品は極めて一部の人たちにだけに採用されるので究極市場浸透率は低い。したがって，採用が正規分布していることを考えると，究極市場浸透率の高い製品の方が低い製品に比べて，どの時点でも全世帯（潜在市場）のより高い割合の市場浸透率を示すことになる。したがって仮説 10 が期待される。

仮説 10．離陸点でのより高い市場浸透率は，減速点でもより高い市場浸透率をともなう（普及論）。

また，理論上新製品の潜在採用者の50％が採用した時点で採用率の下降が始まるため，減速点での市場浸透率で当該新製品の究極市場浸透率を予測可能と考えられるので以下の仮説を立てた。

仮説 11．減速点での市場浸透率をその究極浸透率で割ったものは，50％になるだろう（普及論）。

（3）成長期の期間に関するモデル

次に，成長期の期間を分析するモデルをみてみよう。我々は既に Golder and Tellis（1997）が行った離陸に関する予測モデルの結果をみた。また，上で記した 11 の仮説のうち 3 つは成長期の期間について予測をしている。彼らはこれらの仮説を検証するためにハザード・モデルを使ったが，ここでも同様のモデルを提案している。離陸後，新製品は急速に成長する。しかしながらこ

の成長はいつまでも続くわけではない。急速に成長する耐久財は一貫した強い成長パターンをたどった後，急に反転して売上が低下する。数年間減少した後に成長が戻ると，その後は緩やかな成長率で成長する（Goldenberg et al., 2002）。

ここでは，離陸から減速までの期間をベースライン・ハザード関数と独立変数でモデル化し，Cox（1972）の比例ハザード・モデルを使うことによって，ベースライン・ハザード関数について特定の分布関数に縛られることなく，また，時間に依存する独立変数を扱うことができる（Allison, 1995）。収集したデータの各製品カテゴリーに関する減速までの時間はハザード関数, $h_i(t)$, に従い，次のように表される。$h_i(t) = h(t; z_{it}) = h_0(t)\exp(z_{it}\beta)$，ここで$h_0(t)$は$t$時点での特定されないベースライン・ハザード関数であり，z_{it}はt時点のi番目の製品カテゴリーの独立変数のベクトル，βは推定されるべきパラメータのベクトルである。独立変数がベースライン・ハザード関数に及ぼす影響は，ハザード比，e^βによって捉えることができる。正のβは，ハザード関数，つまり，減速の瞬間発生確率を増加させ，負のβは，減速の瞬間発生確率を減少させる。どの独立変数でもその変数を一単位増加させた時の効果の大きさは，$(e^\beta - 1) \times 100\%$となる。ハザード・モデルの推定はセミパラメトリック部分最尤法（Cox, 1972）で行っている。部分最尤法は，すべての製品カテゴリーがまだ減速に到達していないとしてその中のひとつの製品カテゴリーが減速を経験する確率を求める。推定にはSASプログラムのPHREGを使用している。

独立変数としては，情報カスケードの仮説検証のためにGNPの変化率，省時間製品か非省時間製品か，レジャー高揚製品か非レジャー高揚製品かの区別のためのダミーをそれぞれ使用している。さらに，先行研究に基づいて，制御変数として離陸点の価格に対する比例価格，暦年，市場浸透率，離陸年[19]を用いている（Allison, 1995）。

PLC研究の最も難しいもののひとつがデータ収集で，この研究でも先行研究のGolder and Tellis（1997）のデータ・ソースを踏襲・拡張している。操作的な面では先行研究にはない，減速の操作的定義が初めて提示されている。基本的なPLCパターンでは衰退期が明示的で寿命が終わるように考えられているが，最近の研究では図5-2④でもわかるとおり谷の後に緩やかであるが成

長することも考慮されている。そのため，減速の操作的な定義が重要になってくるのである。この研究では，離陸した後に記録するピーク時の売上より低い売上が2年連続したときの最初の年をもって，減速と定義された。ハザード・モデルは，GNPの変化，価格，市場浸透率，ダミー変数を用いてGolder and Tellis (1997) と同じプロセスを使って離陸点で減速点を予測し，3.4年の平均絶対誤差で予測することができた。

仮説1は，情報カスケードのためにGNPが減少すると成長期間が短くなるとしているが，推定結果はこれを支持し，GNPの変化のパラメータは有意水準0.01で有意であることがわかった。モデル平均でパラメータ値が−0.189ということは，GNPが1％減少する毎に減速の瞬間発生確率が17％増加することを意味する。1％の減少に対して1％の増加ではなくて大幅な17％の増加である。仮説2と3は，PLCについてGNPの役割を経済理論がより簡単に説明できるかどうかを評価するものである。もし離陸点と減速点で成長速度がGNPの変化に比例するのであれば，GNPの効果は標準的な経済理論でより簡単に説明されるだろう。しかし推定結果は，離陸点に関しては，GNPの効果の符号は仮説と一致したものの統計的に有意にはならなかった。また，減速点に関しては正負の向きも有意性も支持されなかった。したがって，情報カスケード説が支持されたことになる。30の製品カテゴリーを分析した彼らの研究は，平均すると次のような発見事実にまとめられる。

①耐久消費財の新製品は，明確な離陸（takeoff）を示し，その後平均年率45％という成長期を示している。また，15％の売上下落後に明確な減速（slowdown）を示した（図5-2④参照）。
②成長期間についてのハザード・モデルの結果は，経済成長がより低いほど，価格引き下げがより小さいほど，市場浸透率がより高いほど減速発生の確率が高くなることを明らかにした。
③減速は大半の世帯が当該新製品を所有する時期よりずっと前に起こり，市場浸透率が平均34％のときに起こる。
④成長期間は8年をわずかに上回る程度で，短縮の気配はみられない。

情報カスケードに従う発見としては以下のような事象が明らかになった。

第Ⅲ部　イノベーションと消費者行動の変化

図 5-3　新製品の離陸図

①耐久消費財の新製品30カテゴリーの平均売上履歴

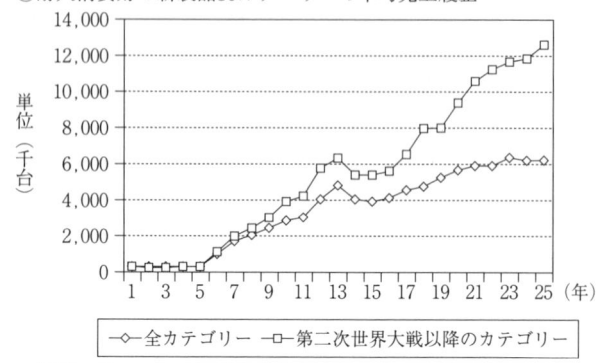

単位（千台）

凡例：全カテゴリー／第二次世界大戦以降のカテゴリー

（出所）　Figure 1, p. 213 より掲載。Golder, Peter N. and Gerard J. Tellis (2004), "Growing, growing, gone: Cascades, diffusion, and turning points in the product life cycle," *Marketing Science*, 23(2), pp. 207-220.

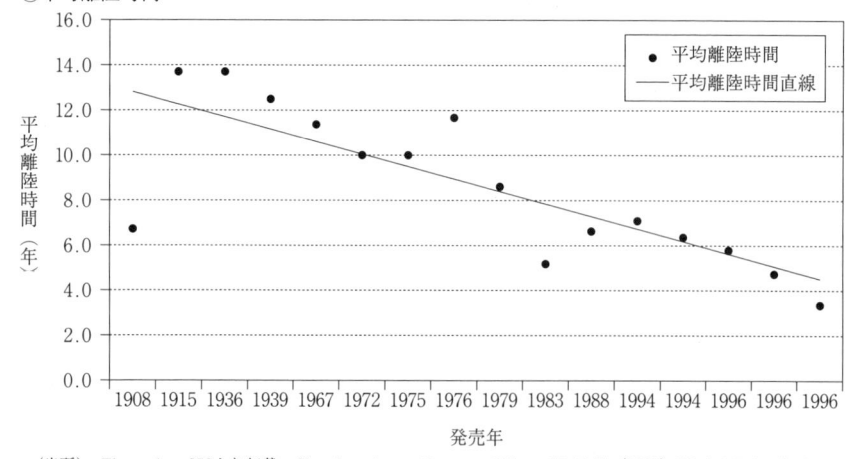

②平均離陸時間

平均離陸時間（年）

発売年

（出所）　Figure 1, p. 852 より転載。Chandrasekaran, Deepa and Gerard J. Tellis (2008), "Global Takeoff of New Products: Culture, Wealth, or Vanishing Differences?," *Marketing Science*, 27(5), pp. 844-860.

⑤経済条件の弱さが減速のトリガーになり得、経済条件の強さが離陸のトリガーとなり得る。

⑥離陸点で大きな売上増加をした製品カテゴリーは減速点でより大きな売上減少をする傾向がある。

⑦レジャー高揚製品は，非レジャー高揚製品より高い成長率とより短い成長期になる傾向がある。
⑧省時間製品は，非省時間製品より低い成長率とより長い成長期になる傾向がある。

マネジャーへの基準資料として，耐久消費財の新製品30カテゴリーの平均売上履歴を図5-3①に転載しておく。

（4）国際比較と一般化の試み

ここまでは，PLCが時とともにどのように変化してきたのかを明らかにしてきた。では，PLCには国際的な違いはあるのだろうか。Chandrasekaran and Tellis（2008）は，製品と国の違いによって何故，どのように離陸が変わるのかを分析している。具体的には，パラメトリック・ハザード・モデルを用いて16製品31カ国（430カテゴリー，最短4年～最長55年にわたる時系列データ）の離陸の動因を分析した。12の仮説を検証した結果，文化と暦年にかかわらず，先進国か開発途上国か，あるいは，仕事製品（work product）か娯楽製品（fun product）かによって，離陸までの平均時間が著しく変わることが明らかにされた。[20]離陸の測定は，売上データがない国もあるので，先行研究の結果を参照・熟慮して操作的に一律に市場浸透率2％に到達した最初の年としている。

製品が最も早く離陸する国は，日本とノルウェーで，北欧諸国，米国，中西部ヨーロッパ諸国がこれらに続いていることがわかった。離陸の動因は，文化と富に加えて製品クラス，製品の発売年代，近隣諸国で既に離陸した国の数が有意であることがわかった。最も重要な発見事実は，離陸までの時間がしだいに短くなってきている（図5-3②参照）ことと，国による違いがなくなってきていることである。

最後に，Hauser et al.（2006）による一般化の試みを紹介しよう。彼らは，耐久消費財の多くの製品カテゴリーの実証研究から以下のような一般化を行っている。
・耐久消費財の新製品は離陸前に長い期間低成長が続き，離陸後は急峻な成

長期を迎える。そして減速後は常軌の定まらない成長を示す（図5-3①を参照）。
・離陸までの時間は，現在のところ平均で6年，それからの成長期は8年，そして約5年の谷の期間が続く。
・これらのパターン，特に離陸までの時間は，国によってシステマティックで劇的に変化する。
・以前に比べると最近は，新製品の売上げはより早く離陸し，より急速に成長する（図5-3①，②参照）。
・電子製品は他の家庭用耐久消費財に比べて早く離陸し，急速に成長する。

ここからわかる重要なことは，PLCは単一のモデルを典型的に想定する必要は全くなく，多様なモデルを想定することが十分に可能であるし，事実，多様化してきているということである。

第5節　研究知見の普及に向けて

我々人類は，古くから火薬の発明など科学技術の発見・発明で生物としての人間の物理的・精神的能力以上の機能を獲得して良くも悪くも進んできた。ICT化が我々人間社会にもたらしたのは正にこれまでの人間のもつ機能をはるかに上回るコミュニケーション機能であった。それを踏まえて，マーケティング・コンセプトの変遷をみると人間志向から公正志向へと向かっていることを確信させられた。

その上でイノベーション／新製品の採用と普及を採り上げ，特に製品ライフ・サイクル（PLC）について詳しくみた。一時はその概念の曖昧さやデータ収集の難しさ，特に市場における衰退期の判断の難しさからPLCはもう現状に合わないとして捨て去られる一歩手前まで行ったが，ゴールダーとテリスなどの貢献で再び信頼を回復してきたことをみてきた。そして新製品関係のマネジャーに指針を与えるPLCに関する平均的な知見を抽出できた。

このように本章では，PLCの起源から現在までの研究を直接，間接にICT化の側面からみてきた。これらの知見を概念モデルとして図5-1にまとめる

第5章　ICT化によるマーケティング・コンセプトの変容と普及パターンの変化

ことができたことは貢献のひとつと確信している。そして，本章の重要なメッセージは，もはや，図5-2③に示すようなPLCを考えることは現実的ではない，ということである。かつては，自分の業界や製品カテゴリー，ブランドがどの期にあるのか不明であったり，いつ離陸するのかわからないという問題を孕んでいてPLCは実用的ではないといわれた時代もあった。しかし，現在は定量的にかなりのことがわかってきていること，情報カスケードが有用な理論であることがわかった。[21] 今後，マネジメント分野では，この事実を如何に一般に普及させていくかが当面の問題であろう。

次章では，本章の流れを引き継いで日本市場でのイノベーション／新製品の採用と普及の側面からICT化の影響をみるため，iPodの普及を事例として取り上げる。最後に，マーケティング戦略の変容をみて，ICT時代の新しいマーケティング戦略の意義を考察する。

注

(1) 本章では，ITとICTをここに述べたように定義して論を進める。1995年のインターネットの商用化を機に，日米同時期にICTの時代が離陸したと考えられる（Greenstein, 1998）。なお，本章および次章の執筆にあたっては，ラフドラフトの段階で京都産業大学経営学部吉田裕之教授にひとかたならぬお世話になった。編者の藤原雅俊准教授には執筆のお誘いを頂き，構成・その他全般にわたって大変貴重なアドバイスを頂いた。ミネルヴァ書房の編集者梶谷修氏，藤原夏葉氏には細部にわたってお世話になった。記して深謝申し上げる。

(2) 1956年に，当時の経団連会長の石坂泰三氏を団長とする，日本生産性本部の「アメリカ・マーケティング視察団」が，帰朝報告書を発表したときが，マーケティングの日本への正式導入の時点とされている。

(3) 規格的には，WPC（World Product Code）と呼ばれるコード体系に属し，ヨーロッパ等で規格化され利用されている「EANコード（イアンコード）」や，これに先立って米国で規格化され，主に北米で使用されている「UPCコード（Universal Product Code）」などと互換性がある。JANコードは「JIS B 9550 共通商品コード用バーコードシンボル」として，1978年に標準化され，1987年のX（情報処理）部門の新設に伴い，JIS X 0501となった。（JANコード http://www.dsri.jp/jan/about_jan.htm，財団法人流通システム開発センター）2011年11月9日閲覧。

(4) ICタグとは，電波を受けて働く小型の電子装置のひとつで，RFID（Radio frequency

第Ⅲ部　イノベーションと消費者行動の変化

identification）の一種である。
(5) 広義で使われる場合は店舗，展示場，ショールーム，営業マン等との接触もコンタクト・ポイントに入る。
(6) Anand Giridharadas and Keith Bradsher（2006）"Microloan Pioneer and His Bank Win Nobel Peace Prize,"*New York Time*, October 13.（http://www.nytimes.com/2006/10/13/business/14nobelcnd.html?_r=1）2011年11月9日閲覧。
(7) 「フェアトレード」，直訳すれば「公平な貿易」。現在のグローバルな国際貿易のしくみは，経済的にも社会的にも弱い立場の開発途上国の人々にとって，時に「アンフェア」で貧困を拡大させるものだという問題意識から，南北の経済格差を解消する「オルタナティブトレード：もう一つの貿易の形」として始まった運動がフェアトレード。（フェアトレードとは：http://www.fairtrade-jp.org/about_fairtrade/fairtrade/　フェアトレード・ラベル・ジャパン）2011年11月9日閲覧。
(8) EDITORIAL : U. S. financial regulations Asahi. com（http://www.asahi.com/english/TKY201001260329.html）2011年11月9日閲覧。
(9) Obama Prague Speech On Nuclear Weapons : FULL TEXT Huffington Post（http://www.huffingtonpost. com/2009/04/05/obama-prague-speech-on-nu_n_183219. html）2011年11月9日閲覧。
　ただ，自爆テロ戦に対してはもはや現在の核兵器には戦争抑止力はなく害以外の何物でもないということも追記しておく。つまり必ずしも公正志向とはいえないという見方もある。
(10) 「公正な社会は，ただ，効用を最大化したり選択の自由を保証したりするだけでは，達成できない。公正な社会を達成するためには，善良な生活の意味をわれわれがともに考え，避けられない不一致を受け入れられる公共の文化をつくりださなくてはいけない。」「ベストセラーの裏側」『日本経済新聞』2010年7月21日付夕刊，11頁。
(11) Harvard University's Justice with Michael Sandel（http://www.justiceharvard.org/）2011年11月9日閲覧。
(12) ほとんどのマーケティング教科書にある，1970年代後半の文献からまとめたPLCについての表が全体の理解に役立つ。例えば，Kotler, Philip（2000）, *Marketing Management, the Millennium Edition*, Prentice Hall, p. 306, Table 10.5 Summary of Product Life-Cycle Characteristics, Objectives and Strategies.
(13) また，Wood（1990）にも取り上げられているようにDhalla and Yuspeh（1976）は，PLCはマーケティング活動の従属変数であり，マーケティング戦略や計画に使う独立変数ではないのでPLCの実用性は無意味であると述べている。
(14) Tellis and Crawford（1981）ではフォーム・レベルが最も基本PLCに適していると述べている。
(15) 製品の上市年月日は，利用できるデータの最初の年月日で近似される場合が多い。

⒃　しかし，本節で後述する Chandrasekaran and Tellis（2008）では，一律に市場浸透率2％に到達した最初の年を離陸年としている例もある。
⒄　その理由としては，戦後の信用供与の普及と可処分所得の増加，価格のより急峻な引き下げ，コミュニケーションの進歩とそれによる価格引き下げ率の増加などを挙げている。
⒅　情報カスケードとは後続のものが，前者の意思決定を観察して，自分の私的なシグナルとは独立に前者の意思決定と同じ決定をすることである。
⒆　原文 p.213 の推定結果 Table 4 では NS と表示され，有意ではない。
⒇　分析で扱われた各種製品は以下の通り。仕事製品：電子レンジ，食洗機，冷蔵庫，乾燥機，洗濯機。娯楽製品：CD プレイヤー，携帯電話，パソコン，ビデオカメラ，ビデオテープレコーダー，MP3 プレイヤー，DVD プレイヤー，デジタルカメラ，ノートパソコン，ブロードバンド，インターネット。
(21)　S字型曲線と転換点に対する競合する理論としては，情報カスケードの他に社会伝播，近接における異質性，収入の異質性，ネットワーク外部性がある。社会伝播はロジャース・モデルやバス・モデルに代表され，近接における異質性，収入の異質性については国の違い，GNP の違いなどでみてきた。ネットワーク外部性については同じ製品を使う人が増えると効用が増える直接外部性と関連製品の入手可能性が増すと効用が増える間接外部性がある。

参考文献

浅野寿朗（2009）「次世代ネットワークにおける五感情報メディアの活用」『産業経済研究所紀要』第 19 号 3 月，83-98 頁。

内藤尚志，竹下隆一郎（2010）「ソーシャルビジネス本腰　大手，途上国へ次々　低価格で販売，雇用も創出」朝日新聞，7 月 21 日朝刊 3 頁，東京本社。

成毛真（1996）「ウィンドウズ 95 を支えるデファクト・スタンダード戦略」『ダイヤモンド・ハーバード・ビジネス』ダイヤモンド社（Feb-Mar），38-46 頁。

山田昌孝（1998）「新製品の普及パターン」『サイバースペース時代の経営パラダイム』同文舘出版，191-223 頁。

山田昌孝・古川竜次（1995）「新製品普及パターンの分類」『マーケティング・サイエンス』4(1・2)，16-36 頁。

Allison, D. (1995) *Survival Analysis Using SAS, A Practical Guide*, SAS.

Bass, F. M. (1969) "A New Product Growth Model for Consumer Durables," *Management Science*, 15, pp. 215-227.

Bayus, B. L. (1992) "Have diffusion rates been accelerating over time ?," *Marketing Letters* 3(3), pp. 215-226.

Bayus, B. L. (1994) "Are product life cycles really getting shorter ?," *Journal of Product Innovation Management*, Vol. 11, pp. 300-308.

Bikhchandani, S., D. Hirshleifer, and I. Welch (1992) "A Theory of Fads, Fashion, Custom, and Cultural Change as Informational Cascades," *Journal of Political Economy*, 100(5), pp. 992-1026.

Bikhchandani, S., D. Hirshleifer, and I. Welch (1998) "Learning from the behavior of others : Conformity, fads, and informational cascades," *Journal of Economic Perspectives*, 12 (Summer), pp. 151-170.

Bohlen, J. M., and G. M. Beal (1957) "The Diffusion Process," *Special Report* No. 18 (Agriculture Extension Service, Iowa State College) 1 : pp. 56-77. (http://www.soc.iastate. edu/extension/presentations/publications/comm/Diffusion%20Process. pdf) 2011 年 12 月 18 日閲覧。

Chandrasekaran, D., and G. J. Tellis (2008), "Global Takeoff of New Products : Culture, Wealth, or Vanishing Differences ?," *Marketing Science*, 27(5), pp. 844-860.

Cox, D. R. (1972) "Regression models and life-tables," *Journal of Royal Statistical Society*, B 34, pp. 187-200.

Czepiel, J. (1992) *Competitive Marketing Strategy*, Prentice Hall.

Dhalla, N. K., and S. Yuspeh (1976) "Forget the Produc Life Cycle Concept !" *Harvard Business Review*, Jan-Feb, pp. 102-112.

Day, G. S. (1981) "The Product Life Cycle : Analysis and Applications Issues," *Journal of Marketing*, 45 (Fall), pp. 60-67.

Goldenberg, J., B. Libai, and E. Muller (2002) "Riding the saddle : How cross-market communications can create a major slump in sales," *Journal of Marketing*, 66(2), pp. 1-16.

Golder, P. N., and G. J. Tellis (1997) "Will it ever fly ? Modeling the takeoff of really new consumer durables," *Marketing Science*, 16(3), pp. 256-270.

Golder, P. N., and G. J. Tellis (2004) "Growing, growing, gone : Cascades, diffusion, and turning points in the product life cycle," *Marketing Science*, 23(2), pp. 207-220.

Greenstein, S. (1998) "Commercializing the Internet," *Micro, IEEE*, Vol. 18, Issue 6, pp. 6-7.

Hammond, A., W. J. Kramer, J. Tran, R. Katz, and C. Walker (2007) *The Next 4 Billion : Market Size and Business Strategy at the Base of the Pyramid*, World Resources Institute. (http://www.wri.org/publication/the-next-4-billion より日本語訳のダウンロード可能)

Hauser, J., G. J. Tellis, and A. Griffin (2006) "Research on Innovations : A Review and Agenda for Marketing Science," *Marketing Science*, 25(6), pp. 687-717.

Jones, C. (1957) "Product Development from the Management Point of View," Robert L.

第5章 ICT化によるマーケティング・コンセプトの変容と普及パターンの変化

Clewelt (ed.), *Marketing's Role in Scientific Management*, American Marketing association.

Kleppner, O. (1931) *Advertising Procedure*, Prentice Hall, Inc.

Kotler, P. and K. L. Keller (2009) *A Framework for Marketing Management, Fourth Edition*, Pearson Education.

Kotler, P., H. Kartajaya, and I. Setiawan (2010) *marketing 3.0*, John Wiley & Sons, Inc.

Levitt, T. (1965) "Exploit the product life cycle", *Harvard Business Review*, November/December, pp. 81-84.

Mahajan, V., and E. Muller (1979) "Innovation diffusion and new product growth models in marketing," *Journal of Marketing*, 43(4), pp. 55-68.

Mahajan, V., E. Muller, and F. M. Bass (1990) "New product diffusion models in marketing: A review and directions for future research," *Journal of Marketing*, 54 (January), pp. 1-26.

Moe, W., and P. Fader (2002) "Using Advance Purchase Orders to Forecast New Product Sales," *Marketing Science*, 21(3), pp. 347-364.

Muhs, W. F. (1985) "The Product Life Cycle Concept: Origin and Early Antecedents." (http://faculty.quinnipiac.edu/charm/CHARM% 20proceedings/CHARM% 20article% 20archive% 20pdf% 20format/Volume% 202% 201985/413% 20muhs.pdf.) 2011 年 12 月 18 日閲覧。

Orbach, Y., and G. E. Fruchter (2010) "A Utility-Based Diffusion Model Applied to the Digital Camera Case," *Review of Marketing Science*, Vol. 8 , Article 1. DOI: 10.2202/1546-5616.1105. (http://www.bepress.com/romsjournal/vol8/iss1/art1) 2011 年 12 月 18 日閲覧。

Peres, R., V. Mahajan, and E. Muller (2010) "Innovation Diffusion and New Product Growth: A Critical Review and Research Directions," *International Journal of Research in Marketing*, 27, pp. 91-106.

Prahalad, C. K. (2005) *The Fortune at The Bottom of the Pyramid: Eradicating Poverty Through Profits*, Wharton School Publishing.

Qualls, W., R. W. Olshavsky, and R. E. Michaels(1981) "Shortening of the PLC-An empirical test," *Journal of Marketing*, 45(Fall), pp. 76-80.

Rogers, E. M. (1962) *Diffusion of Innovations*, The Free Press.

Rogers, E. M. (1995) *Diffusion of Innovations*, 4th ed. The Free Press.

Tellis, G. J., and M. Crawford (1981) "An Evolutionary Approach to Product Growth Theory," *Journal of Marketing*, 45 (Fall), pp. 125-132.

Tellis, G. J., S. Stremersch, and E. Yin (2003) "The international takeoff of new products: Economics, culture and country Innovativeness," *Marketing Science*, 22 (Spring) pp.

第Ⅲ部　イノベーションと消費者行動の変化

188-208.
Toffler, A. (1980) *The Third Wave*, Bantam Books.
Wood, L. (1990) "The End of the Product Life Cycle ? Education Says Goodbye to an Old Friend," *The Journal of Marketing Management*, 6(2), pp. 145-155.
Yamada, M., R. Furukawa, and H. Kato (2001) "A Conceptual Model for Adoption and Diffusion Process of a New Product and an Eagerly Wanted Product," *Review of Marketing Science WP No. 526*, Working Paper Series, The University of Texas at Dallas. (http://papers.ssrn.com/sol3/papers.cfm?abstract_id = 310586) 2011 年 12 月 18 日閲覧。

（山田昌孝）

第6章

普及の急速化とマーケティング戦略の変容
——iPod の採用と普及——

第1節　わが国の新製品普及事情

(1) 本章の目的

　前章では，PLC と普及論を説明しながら，主に耐久消費財の新製品カテゴリーの普及パターンに関する実証研究を紹介して分析してきた。その過程で，情報カスケードの重要性も詳述した。その結果明らかになったことは，PLC が世界的に短縮化してきていることである。すなわち，新製品カテゴリーでは，開発期間，導入期，あるいは離陸点が時代とともに早くなってきていることに加え，成長期が急峻で短くなってきている，つまり減速点が早く現れるようになってきていることである。また，製品カテゴリーの最も早く離陸する国は，日本とノルウェーといわれた。

　本章では，外国の実証研究に基づいて普及の急速化をみてきた第5章の流れを受けて，わが国の事情をまず確認する。次に，iPod に関して日本市場における消費者の採用行動，普及パターンの検証，企業戦略の側面からの実証研究を取り上げる。最後に，マーケティング戦略の変容をみて，ICT 時代の新しいマーケティング戦略の意義を考察する。

　本節では，ICT 以前と ICT 以後に分けて，日本市場での新製品普及の特徴とその理由を考察する。

(2) 急速浸透普及パターンの登場：ICT 以前

　普及の急速化に関する国内の研究として，はじめに大橋・高辻 (1994) を取り上げよう。彼らは，(株)ビデオ・リサーチのホームスキャンシステム・デー

タ（ブランド別累積購入率1992年1月1日～1992年12月31日，807世帯）を使って商品のブランド別ライフ・サイクル曲線を分析した。彼らはまず，即席ラーメンやレトルト・カレーの売上パターンは上市時をピークとして時間とともに減少していく急速浸透普及パターンであり，衣料用洗剤は毎年同じ売り上げであることを示した。その上で，バス・モデル[1]を適用して11ブランド中，模倣係数が0と推定されたものが，即席めんで2ブランドとレトルト・カレーで2ブランド，模倣係数が革新係数より小さいものが即席めんで1ブランドであったことを検証した。結論として彼らは，次のように述べている。

「以上のような超成熟した食品，衣料用洗剤のような消費財については，（中略）。このようなPOSレジの導入，スキャンパネルデータの発達で，導入期に長く低迷する商品を許さず，たとえバス・モデルのS字型ライフサイクル曲線に適合する商品でも，導入期に素早く立ち上がる形をとるようになっている。今日のハイテクによるマーケティング活動の進展で60年代に作られたライフサイクル曲線についてのような仮説が，基本的原則としては該当するとしてもそのままでは成り立たず，修正を余儀なくされていることは確かであろう。」（大橋・高辻，1994，39頁）。

この大橋・高辻（1994）の研究は，前章でみた主に耐久消費財のカテゴリー・レベルの新製品ではなく，食品や洗剤などの日用品のブランド・レベルにおける新製品の分析である。しかし，彼らの結論にも第5章での分析と同様に離陸時間の早まりとその後の成長速度の急峻化がみられる。特にPOSレジの導入やスキャンパネルデータなどのITを利用した調査技術の高度化と熾烈な棚割り競争などの商慣行の変化が，このような売上パターンの変化をもたらしていると考えられる。

（3）急速浸透普及パターンの登場：ICT以後

その後，インターネットが商用化された1995年あたりからイノベーションの普及に正規分布以外の普及パターンが多くみられるようになり，その経済的な重要性から注目されるようになってきた（山田，1998；Yamada et al., 2001；Moe and Fader, 2002）。

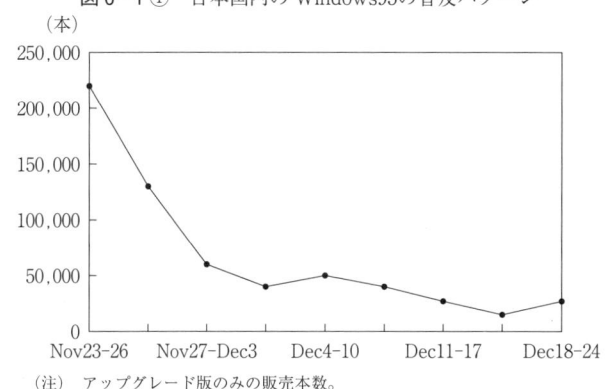

第**6**章　普及の急速化とマーケティング戦略の変容

図6-1①　日本国内のWindows95の普及パターン

(本)

(注)　アップグレード版のみの販売本数。
(出所)　成毛真（1996）「ウィンドウズ95を支えるデファクト・スタンダード戦略」『ダイヤモンド・ハーバード・ビジネス』ダイヤモンド社，Feb-Mar, 38-46頁を基に筆者作成。

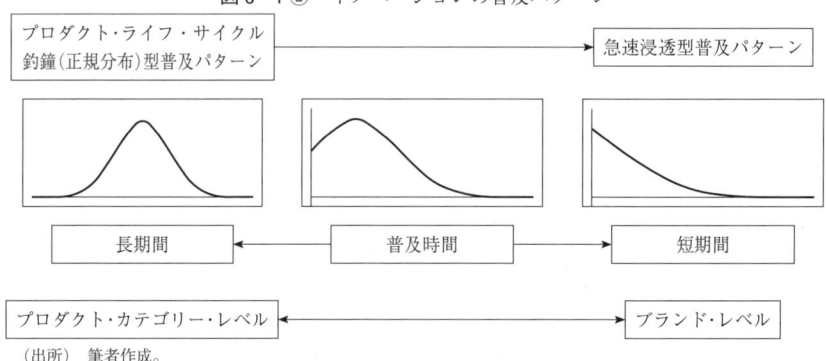

図6-1②　イノベーションの普及パターン

プロダクト・ライフ・サイクル
釣鐘(正規分布)型普及パターン　→　急速浸透型普及パターン

長期間　←　普及時間　→　短期間

プロダクト・カテゴリー・レベル　←→　ブランド・レベル

(出所)　筆者作成。

　山田（1998）では，図6-1①に示すような急速浸透普及パターンの存在を示している。これは，1995年に日本市場でMS Windows 95が発売されたときのアップグレード版のみの売上パターンである。図からわかるように，11月23日に発売してわずか1カ月で，買いたい人はほとんど購入してしまったということがわかる。このセグメントの顧客にとっては商品自体がすばらしい魅力をもっていて，購入を熱望する人がほとんどであり，発売日も知らされていて発売を待ち望んでいた。自分が情報を集めて購入の判断ができる購買者が多

165

く，しかも発売前から話題になり TV ニュースなどでも店頭での長蛇の列のシーンが報道され，品切れないし入手が相当期間遅れるというリスクを感じさせる状況があった。これが，このような急速な売れ行きとなったと考えられる。このような現象は，人気のゲーム・ソフトでもゲーム機でも iPod や iPad などでも同じようなパターンをとる。これらはすべてブランド・レベルである。

さらに Yamada et al. (2001) は，売上が急速浸透普及パターンを示して成功した新製品の存在に，近年になって研究者が気づき始めていることを指摘した。そのような製品には TV ゲーム・ソフト，映画，音楽 CD がある。Bass (1969) 以前には Fourt and Woodlock (1960) が指数関数モデルで食糧雑貨の初回購入を予測し，理論では，Lekvall and Wahlbin (1973) がバスの普及モデルによく似た混合モデルを使って釣鐘型（ロジスティック・モデル）から急速浸透型（修正指数関数モデル）までの種々の普及パターンの可能性を示していたものの（図6-1②参照）[2]，Bass (1969) 以降は，これらの急速浸透普及パターンは失敗製品の特徴としてマーケティング分野では看做され，ほとんど関心が払われずにきた[3]。しかし，1995年以降ネットワーク社会が発達するとともに娯楽産業やコンテンツ産業，ICT 関連産業が成長してきたことから，製品分類と普及論の観点に基づいてこの急速浸透普及パターンを詳細に研究する時期にきたといえるのである。

そこで Yamada et al. (2001) は，急速浸透普及パターンを示す新製品を「熱望品」と呼び，これを顧客の熱烈な欲望・ニーズを満足させるために市場に提供されるものと定義した[4]。その上で，大手コンビニエンス・ストアのポピュラー・ミュージック CD，254枚の売上パターンを分析している。日本における CD 購入者は，始めに出されるシングル CD はレンタル店で借り，シングルの集合体であるアルバムが発売されると購入するという慣習がある。そこでアルバムの売上パターンをみると，アルバムは95％以上の確率で急速浸透普及パターンを示すことが有意に検証された。加えて，アルバムの急速浸透普及パターン率はシングルの急速浸透普及パターン率より大きいことも有意であることが検証された。新人歌手のデビュー・シングル CD をみても，急速浸透普及パターンはみられなかった。人気のオーディション番組のようなテレビ番組

によって完璧にデザインされたキャンペーンで作り出されたグループや歌手のシングル CD は急速浸透普及パターンを示すという仮説は，その番組からデビューしたグループシンガーとソロシンガーで実証された。

　以上のように，急速浸透普及パターンは人気歌手の楽曲でも起こる。このことは大橋・高辻（1994）にも記述がある。これはブランド・レベルと考えられる。つまり，新星のようにデビューし，多くの楽曲（＝ブランド）を発売し，やがてかつての人気を失って市場から消えていく人気歌手自身がカテゴリー・レベルに相当すると考えられる。

（4）採用が早まるもうひとつの理由

　最後に，もうひとつ消費者の採用が早まる理由を紹介したい。筆者は以前にビジネス・ホテルで急成長をしたアパ・ホテルの客室を広告メディア化した事例を紹介したことがある（山田，2008，58 頁コラム B）。これは宿泊客に飲料水などの試供品を無料提供するものであるが，密室である客室の中で試飲するため，女性でも普段試飲をためらうようなリポビタン D なども他人の目をはばかることなく試飲できる。これと同じように自宅でウェブ・ページを見ながら誰にはばかることもなく，従来のカタログ通販に比べてより便利に選択・注文・支払いのできる場を ICT が提供したことの意味も大きい。金銭的リスクもあるが，現在でいえば 1 万円前後までなら安心してネット通販を利用するセグメントが存在するはずだからである。しかもネット通販サイトは，消費者にとって，自ら調べ，自ら考える，場合によっては発売元に問い合わせし，専門サイトに入って利用（購買）経験者に意見を求めることもできる場である。それが，宅配便の進歩と相まってより高い利便性をもたらしているため，売上を順調に高めているのだといえよう（前掲表序-2 参照）。

第 2 節　iPod の採用と普及[5]

　近年高まりつつある急速浸透普及パターンを検証するため，本節では，アップル社が投入した iPod に対する消費者の採用行動と普及パターンを日本市場

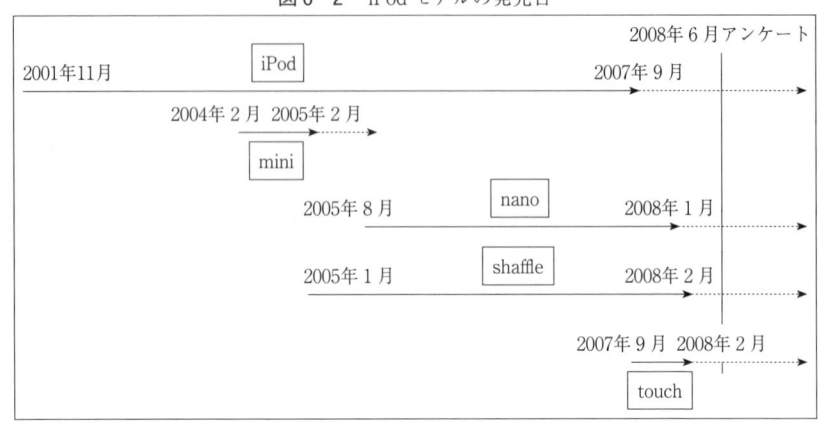

第Ⅲ部　イノベーションと消費者行動の変化

図6-2　iPodモデルの発売日

```
2001年11月        iPod              2008年6月アンケート
                                    2007年9月
        2004年2月 2005年2月
                 mini
                        2005年8月  nano  2008年1月
                        2005年1月  shaffle  2008年2月
                                 2007年9月 2008年2月
                                 touch
```

(注)　実線左端は各ipodモデル登場時期。破線左端は，アンケート時点での最新機種登場時期。
(出所)　筆者作成。

と同社の企業戦略に注目して分析する。

　アップル社は1974年創業し，1984年に初代マッキントッシュを発売した。当時からマウスとアイコンを使った操作方法を実現しマッキントッシュは熱狂的ともいえるファンに支えられ，パソコン初心者にも人気があった。しかし，ウインドウズ・パソコンに押されて徐々にシェアを落とし，今では少数といわざるを得ない。業績不振などにともなって，これまで何度も買収の噂が出たほどである。

　2001年11月，もともとコンピューター会社である同社は第一世代iPodを発売し，本格的に携帯音楽プレーヤー業界に参入した。その後，アップル社は魅力的なモデルのiPodを続々と出し，ずっとファンを引き付け，日本の携帯音楽プレーヤー市場の大半のシェアを占め，生き延びてきた（図6-2参照）。2007年4月9日には，アップル社はiPodの累計出荷台数が発売より約5年半で1億台を突破したと発表した。これは，ソニーのウォークマンの13年半で1億台到達という記録を抜き，ミュージック・プレーヤー史上最速の販売ペースである。[6]

　こうした背景の中，本節では，日本におけるiPodの普及プロセスをアンケ

168

ート調査を基に分析していく。研究目的としては，①消費者とその採用行動，②普及パターンの検証，③戦略分析のツールである魅力曲線の開発である。魅力曲線はブルー・オーシャン戦略とそのバリュー・カーブ（Kim and Mauborgne, 2005）を発展させたものである。

（1）アンケート設計と実証目的

本研究では大学生セグメントに注目した。大学生は流行に敏感であり，楽曲と携帯型音楽プレーヤーを現実に採用すると考えられるからである。日本レコード協会が発表した『音楽メディアユーザー実態調査報告書』によると，2005年度から2007年までの3年間にわたって，デジタル携帯オーディオ・プレーヤーの所有率は，中学生から60歳代の各年齢層の中で男女問わず大学生・専門学校生が最も高いとともに，その割合も年々増加している。[7]本研究のアンケートは，4つの部分で構成されている。

Q 1～Q 16：回答者のパーソナリティを測る心理尺度
　　　　　　木内（1995）を採用し，回答者の生得的な革新性得点（PSCORE）を求める。
Q 17～Q 27：携帯型音楽プレーヤーについて回答者自身の様子を尋ねる。
　　　　　　その中のQ 22～Q 27はGoldsmith and Hofacker（1991）の6項目尺度を設定し，回答者の領域固有の革新性得点（ISCORE）を求める。
Q 28～Q 37：回答者のこと（デモグラフィックス）について尋ねる。
Q 38～Q 62：iPodについて回答者の採用に関わる事柄を尋ねる。

このアンケートを実施し，回答者の様子を把握する。ただし，Q 1～Q 27で得られるPSCORE，ISCOREは今後の革新性とイノベーション採用の研究のためのものである。

（2）アンケート実施

アンケートは筆者勤務校のインターネット学習支援システム上で2008年5月23日から2008年7月4日まで6週間にわたって実施した。筆者の担当講義

表6-1　アンケート回答内訳

担当者	筆者担当の科目		同僚担当の科目			その他	計
科　目	A	B	C	D	E	—	—
登録者数	567	292	365	331	371	—	1,926
回答者数	487	259	80	75	84	2	987
回答率	85.9%	88.7%	22.0%	22.7%	22.6%	—	51.2%

（出所）　筆者作成。

2科目と筆者の同僚の担当講義の3科目で大学1年生から4年生までの学生を対象に実施した。

授業に出なかったり授業をキャンセルしたりする学生がいるので，総数は登録者数を若干下回ることは考えられるが，何処からでもアクセス可能のため回答可能者の総数として登録者数を用いた。

表6-1に示したように，同僚の科目は重複受講生が多いことと当該教員の授業に関係するアンケートでなく関心が薄いため，回答率が低いと考えられる。全体としては51.2%の回答率であった。この5科目で，987個のサンプルが得られた。有効サンプル数は841個であった（85.2%）。有効回答率は43.7%（＝841/1926）であった。

（3）消費者とその採用行動：アンケート結果・分析

本項では，まず回答者の実態を把握する。項目としては，①各メーカー別所有率，②楽曲の録音ルート，③アルバイト収入，④iPodのデザインへの評価，⑤採用事前行動，⑥iPodを所有した時の満足度，⑦これからの新モデルに対する購入意識，について調査した。

①メーカー別所有率

iPodは，日本でも5割以上の市場シェアを占めている[8]。本研究が注目した大学生市場での実態はどうなっているだろうか。本研究のアンケート・データでは，アップル社のiPodが59%のシェアを占めており，「携帯型音楽プレーヤーの元祖」といわれたソニー（22%）を尻目に，圧倒的な首位を占めた。3位は，さらに下がってパナソニック（8%）であった。

②楽曲の録音ルート

CDレンタルが35％を占め，一番高かった。そして，CD購入，友人から借りるがそれぞれ2位（24％），3位（23％）であった。世界的に大成功を収めたインターネット上のiTunes Storeはわずか3％で，学生はほとんどアップル社のiTunes Storeから購入していないことがわかった。なぜ日本の大学生市場ではiTunes Storeからの購入者が少ないか，その理由を考察してみる。

○価格：CDをレンタルした場合の価格は，アルバム250円，シングルは130円で，特別会員なら，アルバム200円，シングル100円となる[9]。一方，iTunes Storeは1曲150円ないし200円であり，アルバムで買えば1曲平均100円である。しかも，このような割引がすべてのアルバムに適用されるとは限らない。つまり，10曲入りのアルバムをレンタルする場合，1曲の価格はiTunes Storeの10分の1程度となる。収入の少ない学生にとって，音楽を入手するルートの決め手は価格だと考えられる。

○支払方法：iTunes Storeではクレジット・カードかプリペイド・カードで支払うシステムをとっている。学生はクレジット・カードを持っている者が少ない。プリペイド・カードも専門店に行かないと入手できないということで，iTunes Storeの利用者が少ないと考えられる。

○消費者の所有感と満足感：若者は流行に敏感であり，特定の歌手のファンも多いと考えられる。自分が大好きな歌手のCDを現物で持つと所有感と満足感に満たされるので，CDを購入する者も2番目24％に至ると考えられる。購入したCDをiTunesというソフトを介して音楽プレーヤーに録音できるので，iTunes Storeで楽曲を購入するケースが少なくなったと考えられる。

以上3点の理由が考えられる。しかし，学生以外のセグメントでは，岡村（2008）が主張した「新曲の入手しやすさ」と「インターネットからダウンロードできる曲数」が，iTunes Storeでの音楽販売面で非常に役に立っていると筆者は考える。iTunes Storeは2008年までに日本で40億の楽曲を販売したが，大学生セグメントでの購入率がわずか3％であることからすれば，このセグメントでは，アップル社が期待したほどiTunes Storeは機能していないといえるだろう。これは本研究の意外な発見であり，アップル社の将来の戦略には重

要かつ有用な情報となるだろう。

　③アルバイト収入

　アルバイト収入はおもに2万円から10万円に分布している。およその様子は4〜6万円未満が最も多く(約100人)，2位が6〜8万円未満(約80人)，3位が2〜4万円未満(約60人)の順であった。しかし，アルバイト収入が全くない者も多い(約95人)。iPodを持っていない者でアルバイト収入の全くない者が約110名であったことから，収入のない者でも，約半分の人がiPodを購入していることがわかる。これはiPodの高い人気を示すさらなる証拠と考えられよう。

　④iPodのデザインへの評価

　「初めてiPodを見たときに，世界的なオーディオ・メーカー（ソニーなど）の製品より，飛びぬけたデザインに品格さえ感じたか。」と回答者に尋ねた。結果は「非常にそう思う」16％と「そう思う」40％であり，5割を超えた肯定的な評価を得た。ただし，iPodを持っている者と持っていない者には，その評価に開きがあることも同時に明らかになった。iPodを持っていない者の回答は「非常にそう思う」8％，「そう思う」38％であったのに対し，iPodを持っている者の回答は，それぞれ23％と42％であった。iPodを持っていない者による否定的回答が「そう思わない」16％，「まったくそう思わない」12％に対し，持っている者はそれぞれ11％と4％であった。iPodの所有者の方が非所有者よりiPodのデザインに強い魅力を感じていることがわかる。

　⑤採用事前行動

　ここでは回答者のiPodに対する行動を調査している。アンケートから，回答者のうち14％がiPodを買いたくないことがわかった。また，11％が景品やプレゼントとしてiPodを入手し，1％が景品として応募しているとわかった。iPodを買った者とまだ買っていないが買いたい者の合計は，74％であった。

　iPodを買っていない者をより詳しくみると，38％がiPodを買うために余分のアルバイトをし，45％が小遣いを貯金しているなどの努力をしていた。①持っている者のうち41％が貯金をおろして買ったことや，②まだ買っていない者のうち45％が買うために貯金をしていることは，iPodに対する熱望の度

第6章　普及の急速化とマーケティング戦略の変容

合を示すと解釈しうる。しかし，採用したかどうかにかかわらず，お酒やタバコをやめて貯金した（している）者はいなかった。

⑥iPodを所有した時の満足度

ここでは，回答者はiPodを採用した後に満足しているかどうかを検証した。アンケートで「初めてiPodを所有した時，非常に感動したり，素晴らしいという満足感で満たされたか」との質問を設計し，回答者に尋ねた。順に，「非常に満足している」31％，「満足している」51％，「満足していない」5％，そして「全く満足していない」2％であった。したがって，8割以上がiPodを所有すると満足していることがわかった。

⑦これからの新モデルに対する購入意識

iPodを持っている者の中では，これから発売される新モデルのiPodを「非常に購入したい者」13％，「購入したい者」31％となった。iPodを持っていない者の中では，iPodを「非常に購入したい者」は12％，「購入したい者」は31％を占めている。したがって，所有の有無にかかわらず，大学生市場セグメントにはまだ大きな潜在市場が存在していると考えられる。興味深いのは，「どちらともいえない」と「購入したくない」という回答者が57％にのぼった点である。これは何を意味するのだろうか。

Windows 95や『ターミネーター2』の研究事例では，普及パターンは「急速浸透普及パターン」を示していた（山田，1998）。つまり，潜在市場の全員が短期間に製品を採用してしまって，市場需要がほとんどなくなってしまう。本研究のアンケート・データにより，iPodの普及パターンが「急速浸透普及パターン」に当てはまることが判明している（第2節（4）参照）。そのため，iPodもWindows 95などと同じく，市場の全員が短期間に採用してしまって，市場需要がもう小さいと考えた。しかし，実際，既にiPodを所有した者の中に，「また新しい機種を購入したい」という者と，「今のiPodが壊れてもまたiPodを購入したい」という者が4割強（44％）も存在している。今iPodを所有していない者でも，43％がiPodを買いたいということがわかった。また，今iPodを所有していない者は「余分のアルバイトをしている」（38％），「小遣いを貯金している」（45％），「化粧品，服などの費用を減らして貯金している」

（6％）など，iPodを買うためにいろいろな努力をしていることがわかった。

ここからわかることは，iPodを買いたくない者が5割を超えてはいるが，買いたい者の割合とiPodを買うための諸行動をみると，iPodはこの大学生市場ではまだ大きな潜在市場を有していると解釈できるのではないか，ということである。

（4）iPod普及パターンの検証

本研究のアンケート調査では，回答者が最初に購入したiPodモデルの購入時期の情報を収集した。この項ではこのデータを用いて，iPod全モデルの採用データをプールしたものとiPodの各モデルの採用パターンをプロットし，普及パターンを検証する。対象時期は，消費者の記憶力や次期機種の発売などを考慮して1年とする。

今回は，iPodの全体，第一世代〜第六世代iPod，iPod mini，iPod nano，iPod shuffleの各モデルを取り上げた（前掲図6-2参照）。本調査直前に発売されたiPod touchはデータ数が少ないため，検証から外している。

iPod全体の採用のパターンをみると，ロジャース・モデルのような釣鐘型の普及パターンを示さず，むしろ山田（1998）が提唱した新しい普及パターンの分類に当てはまることが判明した（図6-3①）。山田（1998）の新分類の中ではクラスVの普及パターン，いわゆる急速浸透普及（Rapid-penetration）パターンに相当するものと考えられる。

次に，各モデルの採用パターンをみると，第一世代〜第六世代のiPodの普及パターンは，山田（1998）の新分類の中ではクラスIVの急速浸透普及パターンの普及事例に相当するものと考えられる（図6-3②）。iPod mini，iPod nanoは山田（1998）の新分類の中ではクラスVの急速浸透普及パターンの普及事例に相当すると考えられる（図6-3③，④）。iPod shuffleはiPodの製品ラインの中では最もランクの低い普及に重点をおいた製品で，採用パターンをみると，初期には認知度が低いためか急速な売上を示さなかったが，そのデザインの良さと価格の安さが認知されると急激に採用されたと考えられる（図6-3⑤）。

以上，限られたデータからではあるがこれらの採用パターンと前述のアンケ

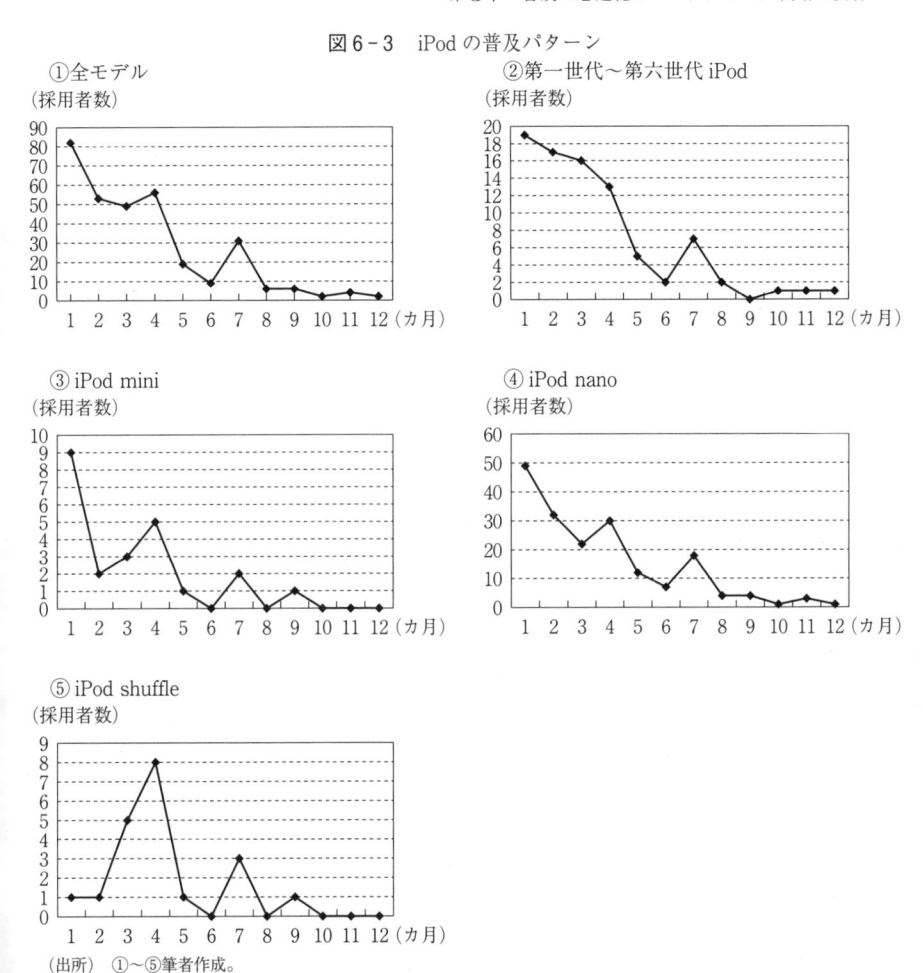

第6章　普及の急速化とマーケティング戦略の変容

図6-3　iPodの普及パターン

①全モデル
（採用者数）

②第一世代～第六世代 iPod
（採用者数）

③iPod mini
（採用者数）

④iPod nano
（採用者数）

⑤iPod shuffle
（採用者数）

（出所）①～⑤筆者作成。

ート結果・分析とを合わせると，iPodの普及パターンは，急速浸透普及パターンであると推測できる。

第3節　アップル社のiPod戦略の検証

この節では，これまでの記事や論文に書いてあるアップル社のiPod戦略に

対し，消費者がどのように受け入れているか，これらの戦略がアップル社の期待した通り働いているかどうかを検証する。そして，コンセプトの異なるiPodの各モデルの魅力曲線を描き，消費者はiPod各モデルをどのように認知しているかを明らかにする。

（1）iPod戦略効果の検証

iPodは発売されて以来，急速に普及してきたため，アップル社のiPod戦略に関する記事や論文を多く目にする。そこで本節では，今回のアンケート・データを用いてアップル社の戦略の有効性を検証していく（表6-2①，②）。具体的には，iPod戦略が日本の大学生セグメントでアップル社の意図した通り働いているかどうか，これらの戦略が消費者のiPodの採用に影響を与えたかどうかをカイ二乗検定で検証する。

検証した仮説は表6-2②に示される通りである。まず，岡村（2008）などを参考にして6つのiPod戦略を取り上げ，これらに加え，筆者が3つの仮説（7～9）を立てた。第一に，iTunes StoreでCNN，VOA，読売新聞などのニュースやビジネス英語，英単語トレーニングなどの語学教材を無料でダウンロードできる機能が大学生にとって魅力的であるかどうか，それが彼らのiPod採用に影響を与えているかどうかを検証した。第二に，iPodのデザインの影響について検証した。というのも，本研究のアンケート結果から，5割以上の人が，初めてiPodを見たときに世界的なオーディオ・メーカー（ソニーなど）の製品より飛びぬけたデザインに品格さえ感じていたからである。

そして第三に，iTunes Storeの役割について検討した。前述のように，日本では2005年8月4日よりiTunes Storeでの音楽販売サービスが開始され，サービス開始から4日間で100万件のダウンロード突破とアナウンスされるなど歓迎ムードで迎えられ，2008年には40億を超える楽曲を販売してきた[10]。しかし既に指摘したように，世界的に大成功を収めたようにみえるiTunes Storeの利用率は，今回のデータでみる限り，iPod所有の有無にかかわらずわずか3％であった。iPodを採用した者に限ると，iTunes Storeでの楽曲購入者は72人であり，購入していない者は381人であった（表6-2①参照）。その使用

第6章　普及の急速化とマーケティング戦略の変容

表6-2①　iPodの採用とiTunes Storeでの楽曲購入

	iTunes Storeで楽曲を購入している	iTunes Storeで楽曲を購入していない
iPodを採用した人	72人	381人
iPodを採用していない人	5人	383人

(出所)　筆者作成。

表6-2②　戦略有効性検証の結果のまとめ

	仮説	カイ二乗	自由度	p-値	戦略有効性
1	クリック・ホイール採用による曲の検索の容易さ	32.495	1	1.1948E-08*	○
2	パソコンとの接続性・iPodに曲を入れる技術	18.981	1	1.32E-05*	○
3	iPod CMのインパクト※	842.000	4	6.1E-181*	○
4	白いイヤホン効果※	525.717	4	1.8E-112*	○
5	対応フォーマットの多さ	13.763	1	0.000207*	○
6	ブランド力	48.246	1	3.76E-12*	○
7	音楽以外語学学習などの機能	0.123	1	0.72545	×
8	デザイン※	52.200	4	1.22589E-10*	○
9	iTunes Storeでの楽曲購入	iPodの所有者の使用率は0.158であり，非常に低い			×

(注)　＊有意度1％以下。　※5件法リッカート・スケールを使用。
(出所)　筆者作成。

率は16％弱（72/(72＋381)＝0.158）であり，我々の期待していた値よりとても小さい。この結果，日本の大学生市場では，iTunes Storeは，アップル社が意図したほどに購入場所としては利用されていないことが推測される。しかしながら，iTunes Storeでの楽曲購入者は圧倒的にiPod採用者が多く，およそ94％（72/(72＋5)＝0.935）である。これらの結果は，表6-2①に示した。

表6-2②の検証結果をみると，まず，仮説1「クリック・ホイールの採用による曲の検索の容易さ」のp-値が有意である。岡村（2008）が主張したように，曲の検索の容易さが有効であることがわかる。仮説2「パソコンとの接続性」はアップル社が業界標準より接続性を増やした要素であり，カイ二乗検定のp-値も有意である。さらに，「iPod CMのインパクト」，「白いイヤホン効

果」,「対応フォーマットの多さ」,「ブランド力」,「デザイン」の各要素のカイ二乗検定のp-値はすべて有意である。アップル社によるこれらの戦略が有効に働き，消費者のiPod採用に影響を与えていることがわかる。

しかし，iTunes Storeで提供されている英語学習教材などの無料ダウンロード機能については，カイ二乗検定ではp-値が0.725であり，全く有意でない。この要素がこのデータでiPodの採用に役に立っていないことがわかる。ただ，回答者が外国語学部の学生であれば，結果が違っていただろう。

(2) iPodの魅力曲線

この節では，ブルー・オーシャン戦略のバリュー・カーブを基に，消費者にとってのiPodに対する魅力値を用いて魅力曲線を描いてみる。また，iPodの所有状況とこれからの購入意識で，消費者を「次回購入希望の所有者」,「次回購入希望しない所有者」,「次回購入希望の非所有者」,「次回購入希望しない非所有者」の4グループに分け，各グループの魅力曲線を比較し，分析する。この魅力曲線は本研究のアンケート・データにより描いたものであり，消費者が各モデルのiPodの各要素に魅力を感じたか否か尋ねている。iPodは各モデルのコンセプトが違い，消費者にとってそれぞれの魅力が異なるため，iPodの全体でなく，各モデルに分けて魅力曲線を描いている。

本項で描いた魅力曲線は，ブルー・オーシャンの戦略キャンバスとバリュー・カーブを基にしたものである。iPod戦略要素を横軸にとり[11]，消費者が各戦略要素の魅力を受け取った度合（魅力値）を縦軸とした。魅力値は，iPodの各モデルについて，グループごとにそれぞれ算出した。その方法は，

(そのiPodの各戦略要素に魅力を感じた人数) ÷ (そのグループ全人数) である。ブルー・オーシャン戦略のバリュー・カーブの縦軸はその分野の専門家による主観的なものであるが，この魅力曲線の縦軸はアンケート調査に基づいた消費者の回答に基づいて計算したものである点が特徴である。つまり消費者がiPodの魅力をどのように感じているかを表す魅力曲線をみると，アップル社のiPod戦略をどのように認知しているかがわかる。

①第五世代と第六世代のiPodの魅力曲線

ここでは第一世代から第六世代までのiPodでなく，採用者数の多い，ビデオ再生可能な第五世代，第六世代iPodを取り上げ，消費者の魅力値を検証する。

　図6-4①に示すように，「次回購入希望しない非所有者」は第五，六世代iPodの魅力への認知が極めて低く，このグループの人々がこの製品カテゴリーにほとんど興味のない者であることがわかる。他の3つのグループの魅力曲線をみると，第五，六世代iPodの主な魅力は「デザイン」，「HDD大容量」と「ブランド」であることがわかった。しかも，いずれのグループにとっても「デザイン」が「ブランド」より魅力値が大きく，より多くの消費者に認知されたことがわかった。そして，「語学学習機能」，「対応フォーマット数の多さ」，「バッテリの持ち時間が長い」は魅力値が非常に低いことがわかった。特に「価格」が，いずれのグループにとっても魅力値が極めて低かった。クリック・ホイールに関して，所有者の方が魅力値が高かった。これは実際に使用するため，クリック・ホイールの便利さがわかったからと考える。これから宣伝にクリック・ホイールの便利さを強調し，実際に体験させるチャンスを多く提供すべきだと考える。アップル社はこれらの魅力値の低かった項目に注目し，マーケティング戦略を調整すべきであろう。

②iPod nanoの魅力曲線

　図6-4②に示すように，iPod nanoは消費者にとって「デザイン」と「薄くて持ち歩きやすい」が大きな魅力点であった。「ブランド」は魅力値がより低く，「デザイン」と大きな差があったことがわかった。「低価格」の要素をみると，所有者より非所有者にとって価格が高いと思われた。

③iPod shuffleの魅力曲線

　図6-4③に示すように，消費者にとって「1万円以下低価格」はiPod shuffleの最も大きな魅力であった。「邪魔にならないサイズであり，持ち歩きやすい」と「服やバックなどに簡単に取り付けられる」もよく認知され，「価格」とともに，iPod shuffleの最も目立つ魅力であることがわかった。この3つの要素に比べると，iPod shuffleの他要素の魅力値が非常に低いことがわかった。

第Ⅲ部 イノベーションと消費者行動の変化

図6-4① 第五,六世代 iPod の魅力曲線

魅力値(率)

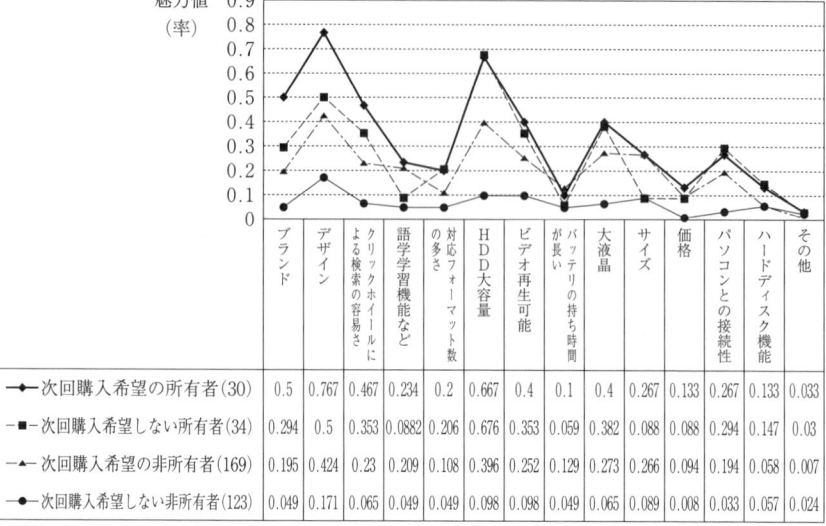

	ブランド	デザイン	クリックホイールによる検索の容易さ	語学学習機能などの多さ	対応フォーマット数	HDD大容量	ビデオ再生可能	バッテリの持ち時間が長い	大液晶	サイズ	価格	パソコンとの接続性	ハードディスク機能	その他
→次回購入希望の所有者(30)	0.5	0.767	0.467	0.234	0.2	0.667	0.4	0.1	0.4	0.267	0.133	0.267	0.133	0.033
─■─次回購入希望しない所有者(34)	0.294	0.5	0.353	0.0882	0.206	0.676	0.353	0.059	0.382	0.088	0.088	0.294	0.147	0.03
─▲─次回購入希望の非所有者(169)	0.195	0.424	0.23	0.209	0.108	0.396	0.252	0.129	0.273	0.266	0.094	0.194	0.058	0.007
─●─次回購入希望しない非所有者(123)	0.049	0.171	0.065	0.049	0.049	0.098	0.098	0.049	0.065	0.089	0.008	0.033	0.057	0.024

(注) 括弧はそれぞれのグループの総人数である。以下, 図6-4②~④も同。
(出所) 筆者作成。以下, 図6-4②~④も同。

図6-4② iPod nano の魅力曲線

魅力値(率)

	ブランド	デザイン	クリックホイールによる検索の容易さ	語学学習機能などの多さ	対応フォーマット数	パソコンとの接続性	薄くて,持ち歩きやすい	5色のボディカラーバリエーション	カラー液晶	低価格	フラッシュメモリ機能	その他
→次回購入希望の所有者(129)	0.279	0.605	0.225	0.12	0.054	0.194	0.682	0.248	0.372	0.38	0.07	0.023
─■─次回購入希望しない所有者(106)	0.217	0.519	0.377	0.075	0.085	0.368	0.717	0.236	0.34	0.2648	0.047	0.019
─▲─次回購入希望の非所有者(169)	0.207	0.426	0.189	0.065	0.124	0.178	0.556	0.254	0.266	0.172	0.095	0
─●─次回購入希望しない非所有者(123)	0.049	0.236	0.089	0.033	0.016	0.033	0.276	0.065	0.089	0.089	0.008	0.008

第6章　普及の急速化とマーケティング戦略の変容

図6-4③　iPod shuffle の魅力曲線

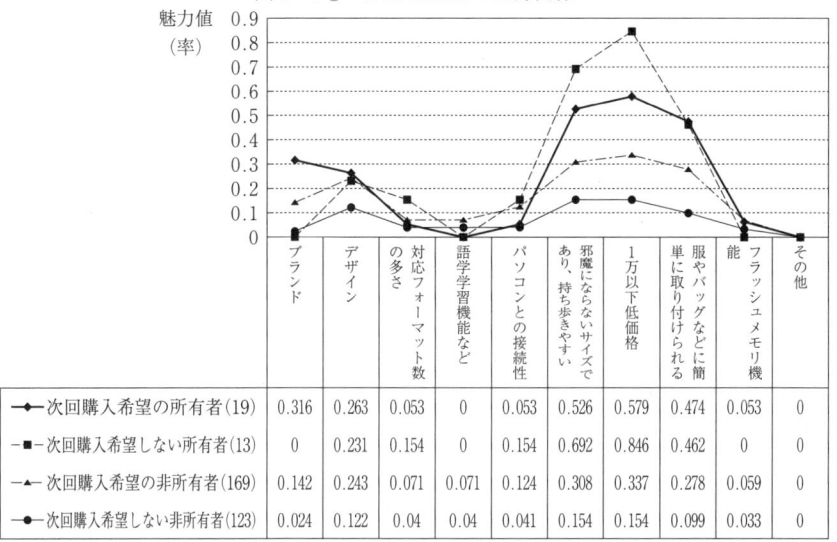

	ブランド	デザイン	対応フォーマット数の多さ	語学学習機能など	パソコンとの接続性	邪魔にならないサイズであり、持ち歩きやすい	1万以下低価格	服やバッグなどに簡単に取り付けられる	フラッシュメモリ機能	その他
◆ 次回購入希望の所有者(19)	0.316	0.263	0.053	0	0.053	0.526	0.579	0.474	0.053	0
■ 次回購入希望しない所有者(13)	0	0.231	0.154	0	0.154	0.692	0.846	0.462	0	0
▲ 次回購入希望の非所有者(169)	0.142	0.243	0.071	0.071	0.124	0.308	0.337	0.278	0.059	0
● 次回購入希望しない非所有者(123)	0.024	0.122	0.04	0.04	0.041	0.154	0.154	0.099	0.033	0

図6-4④　iPod mini の魅力曲線

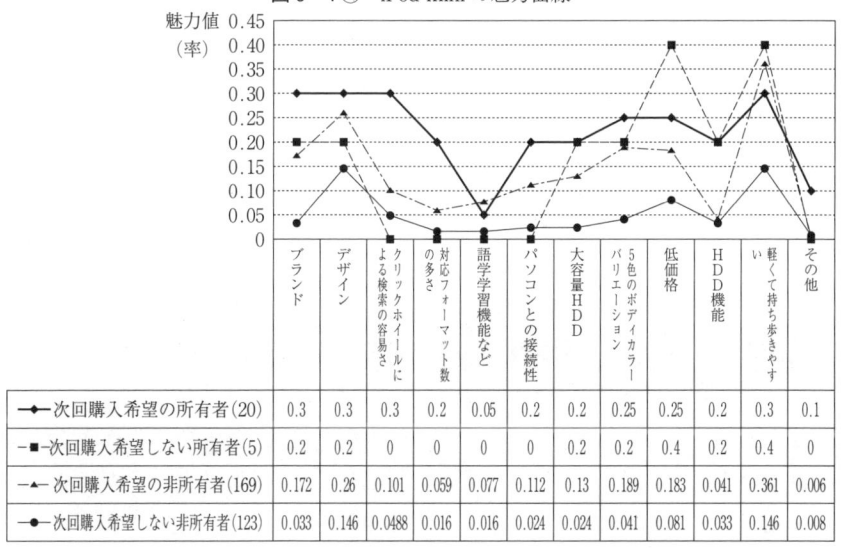

	ブランド	デザイン	クリックホイールによる検索の容易さ	対応フォーマット数の多さ	語学学習機能など	パソコンとの接続性	大容量HDD	5色のボディカラーバリエーション	低価格	HDD機能	軽くて持ち歩きやすい	その他
◆ 次回購入希望の所有者(20)	0.3	0.3	0.3	0.2	0.05	0.2	0.2	0.25	0.25	0.2	0.3	0.1
■ 次回購入希望しない所有者(5)	0.2	0.2	0	0	0	0	0.2	0.2	0.4	0.2	0.4	0
▲ 次回購入希望の非所有者(169)	0.172	0.26	0.101	0.059	0.077	0.112	0.13	0.189	0.183	0.041	0.361	0.006
● 次回購入希望しない非所有者(123)	0.033	0.146	0.0488	0.016	0.016	0.024	0.024	0.041	0.081	0.033	0.146	0.008

④ iPod mini の魅力曲線

　図6-4④に示すように，各要素の魅力値をみると，実際所有した人々さえ魅力を感じていないことがわかった。各モデルの魅力曲線を比較してみると，iPod mini は最も魅力が低いことがわかった。2004年1月に発売された iPod mini が後継機種である iPod nano の登場（2005年9月）により生産終了となったことからも，それが理解できる。

　これらの魅力曲線をみると，消費者が iPod の各モデルをどのように認知しているかがわかる。それは，アップル社のマーケティング戦略に大切な情報を提供している。今後のアップル社の戦略として魅力値の低かった項目のギャップを改善するなり削除することを検討すべきであろう。例えば，「次回購入希望の非所有者」に注目すると，このグループは人数が一番多く，大きな潜在市場であると考えられる。これらの消費者をキャッチするため，これからの広告宣伝に力を入れる必要があるだろうと考える。

第4節　ICT化と新製品のマーケティング戦略のパラダイム・シフト

（1）サイバースペース市場の特質と対応

　以上，第5章で PLC 理論を詳しく見，その現在価値を確認し，第6章で日本市場でのアップル社の携帯音楽プレーヤー iPod の採用行動と普及パターンの実際をアンケート調査でみてきた。

　コトラーのマーケティング戦略が第5章図5-2③に示したような PLC の基本パターンを想定して構築されているとするならば，ICT 時代においては，急速浸透普及パターンを想定する必要があると考えられる。そのため，マーケティング戦略もパラダイム・シフトといえるほどの変化を余儀なくされていると思われる。このことは ICT 時代直前の大橋・高辻（1994）にも簡単に触れられている。

　山田（1998）は，サイバースペース市場内においてコピー可能製品（コンピュータ・ソフト，ゲーム・ソフトなどデジタル・コンテンツ）に対して，急速浸透普及パターンの戦略として以下の4カ条を提案している。

①事前から広告・パブリシティを強力かつ広域に行う。
②可能な限り初期価格を低く設定する。
③可能な限り民間放送型（無料プログラムと有料広告）のシステムを自社のビジネス・システムに作り込む。
④必要であれば，果敢にビジネス提携・連携・連合を行う。

これは，電子製品のデファクト・スタンダード戦略にも通じるものであるが，ICT時代においてネットスケープ社のブラウザが80％ものシェアに達する過程でも使われていた。これはまた，ジップの法則（Zipf's law）に従うというYahooやGoogleなどの検索サイトやプラットフォームなどネット上のビジネス・サイトの開設の際にも有効な考え方である。つまり，短時間にトップの座を取ったものだけが際立った集客力を獲得するのでこの戦略が有効になる。先にみてきた情報カスケードの影響であろう。

Friedman（2005）は，ICT時代に入り，様々なビジネスがネットワークで動き，世界の各地の地理的な距離がなくなって実働している姿を生き生きと伝えている。そして，世界がフラット化した10個の要因を述べている。彼は，ICTによる各種の機能の獲得がフラット化をもたらしたと述べている。具体的な戦略は示されていないが，ビジネス環境の理解には必要な文献である。

Anderson（2006）は，ジップの法則を逆手に取ったような事実（ロング・テール）を報告している。それは，例えばAmazon.comの書籍の売上で年に1～2冊しか売れないようなもの（恐竜の尻尾，テール）ではあるが，稀少需要を備えるタイトル数は膨大なので，それらの売上を合計するとベストセラー群（恐竜の頭，ヘッド）の売上にほぼ同じか上回る，ということである。サイバースペース市場の出現自体が大きなイノベーションであるが，ロング・テールも，ICT以前には考えられない革新的なビジネス・モデルといえよう。

次に，Anderson（2009）は，どの業界でも「フリー（タダ）」との競争が待っているとした。それは可能性の問題ではなく，時間の問題だと述べている。この考え方は，山田（1998）が普及論の立場からサイバースペース市場でのコピー可能製品の価格をゼロにすべきであると提案したのと基本的に同じである。すなわち，オリジナルを作った後はさらにひとつ作るコスト（限界費用）は技

術革新によって時間とともに次第にゼロに近づいてくるというのがその理由である。

詳細にみると，経済学の内部相互補助（他の収益でカバーすること）という概念を借りて，Anderson（2009）はフリーのビジネス・モデルを4つに分けて説明している。

・フリー①：直接的内部相互補助

 無料なもの──消費者の気を引いて，他のものも買ってみようと思わせる商品

 無料対象者──結局はみんなが，何らかの方法で喜んで金を払う

 例：「DVDを1枚買えば，2枚目はタダ」というキャンペーンで消費者を店に誘い，そこで顧客に洗濯機などを売ったりすること

・フリー②：三者間市場

 無料なもの──コンテンツ，サービス，ソフトウェアなど

 無料対象者──誰でも

 例：民放TVが制作物をタダかそれに近い価格で消費者に提供し，そこに参加するために広告主が広告料としてお金を払う

・フリー③：フリーミアム[14]

 無料なもの──有料のプレミアム版に対する基本版

 無料対象者──基本版のユーザー

 例：5％の有料ユーザーが残りの無料ユーザーを支えている。フリーミアムのモデルでは，無料ユーザーにサービスを提供するコストが，無視できるほどゼロに近いからである。

・フリー④：非貨幣市場

 無料なもの──対価を期待せずに，人々があげるものすべて

 無料対象者──誰でも

 例：いくつもの形がある。評判や関心，表現，喜び，善行，満足感

フリー④は，グラミン銀行などのソーシャル・ビジネスと同様になかなか信じられないものであるが，実在し，増えている。ウイキペディアやLINUXなど，ソーシャル・ビジネスよりはるかに多いと思われる。

これらの新しい戦略は、一見コトラー流マーケティングを否定するようにみえるが、もちろんICT以前の市場は依然として存在するし、また従来市場とサイバースペース市場の混合市場も存在するため、ICTによってもたらされた新しい市場に対応する補完的なものと捉えるのが妥当と考えられる。

（2）急速浸透普及パターン戦略の構築に向けて

　わが国での研究成果をみると、製品レベル、ブランド・レベルでの普及パターンが時代とともに、特にICT時代の到来以降、早くなってきていることがiPodの事例からもわかった。このような普及パターンの変化は、従来型のPLCに基づいたコトラー流マーケティングに加え、ICT化によって新たに生まれてくる市場に対応するマーケティングの必要性を生み出している。サイバースペース市場内でコピー可能な製品に対する急速浸透普及パターン戦略（山田，1998）、フラット化する世界（Friedman, 2005）、ロング・テール現象に基づく方略（Anderson, 2006）、フリー（タダ）戦略（Anderson, 2009）といった考え方が不可避になりつつあることをみてきた。[15]

　ICT時代の到来により、以前にはなかった消費者行動・市場に対する新たな戦略が必要となっている。急速浸透普及パターンを前提とすれば、どうしたら熱望品を作り出せるかがマーケティングには重要となってくる。こうした変容は必要不可欠な状況におかれ始めており、マネジメントは果敢なチャレンジを迫られているといえよう。

注
(1) バス・モデルは、初回購入についてのモデルであるので初回購入データのみに適用すべきであるが、大橋・高辻は初回購入データとリピート購入データを一緒に使用していたのではないかと思われる。しかし、傾向は捉えられると考える。
(2) 図6-1②には、筆者の知見も入れて釣鐘型はプロダクト・カテゴリー・レベルに多くみられ、急速浸透型はブランド・レベルにみられることを書き添えてある。
(3) ただ例外的には、Bass（1969）以降もGatignon and Robertson（1985）が29項目を挙げてそのような可能性のあることを述べている。
(4) この定義は、消費者の買い物行動に基づいた、最寄品、買回り品、専門品などの分類

(5) 本節のデータ並びに分析結果には，京都産業大学マネジメント研究科修士李博氏（2009年度修了）の寄与が大である。ここに記して感謝する。
(6) iPodの販売台数・出荷台数は，10年後の現在では，2億8000万台に達している。(http://ja.wikipedia.org/wiki/IPod#iPod.E3.81.AE.E8.B2.A9.E5.A3.B2.E5.8F.B0.E6.95.B0.E3.83.BB.E5.87.BA.E8.8D.B7.E5.8F.B0.E6.95.B0) 2010年12月13日閲覧。
(7) 「音楽メディアユーザー実態調査報告書 2005年度，2006年度，2007年度」（http://www.riaj.or.jp/report/index.html）2009年1月2日閲覧。
(8) 「携帯オーディオメーカー別販売台数シェア推移」「BCNランキング」06年-07年月次，3頁。(http://bcnranking.jp/news/0712/071207_9229p3.html) 2010年12月13日閲覧。
(9) レンタル価格はK2レコード店参照（http://www.k2records.jp/index.html）2009年1月3日閲覧。
(10) iTunes Store（http://ja.wikipedia.org/wiki/ITunes_Store）2008年12月3日閲覧。
(11) 戦略要素としては先行研究で扱われた要素と「外国語学習機能」など本研究独自のアイテムをモデルごとに加えた。
(12) 後に，マイクロソフト社がWindows 95をインストールしていく過程でネットに接続されてクリックをしながら自然にインターネット・エクスプローラをインストールしてしまうやり方でシェアを誇っていたネットスケープ社のブラウザーを置き換えてしまった。
(13) コンテンツ・ビジネスについて，吉田（2005）の実務からの知見を踏まえて吉田・石井・新垣（2010）に詳細かつ実務に有益なモデルをみることができる。
(14) ベンチャー・キャピタリストのFred Wilsonの造語。http://www.avc.com/a_vc/2006/03/the_freemium_bu.html, http://www.freemium.jp/about に日本語の説明がある。また，山田（1998）で，同様の概念は既に述べられている。
(15) さらに，Zuboff（2010）もICTに注目して，資本主義（capitalism）が突然変異（mutation）を起こして大量消費に焦点を当てていた時代から個人に焦点を当てた製品・サービスを提供するdistributed capitalismに変化したのでそれに適した戦略を採らなければならないと述べている。

参考文献

大橋照枝・高辻秀興（1994）「商品のブランド別ライフサイクル曲線の今日的検証」『季刊マーケティングジャーナル』52, 30-41頁。

岡村勝弘 (2008)「アップルの iPod を『ブルー・オーシャン戦略』で解説する」 *GLO-BIS.JP* (http://globis.jp/499-1) 2011 年 11 月 9 日閲覧。

木内亜紀 (1995)「相互独立・相互依存的自己理解尺度の作成及び信頼性・妥当性の検討」『心理学研究』66, 100-106 頁。

山田昌孝 (1998)「新製品の普及パターン」『サイバースペース時代の経営パラダイム』同文舘出版, 191-223 頁。

山田昌孝 (2008)「マーケティング戦略」京都産業大学経営学部編『マネジメントを学ぶ』ミネルヴァ書房, 46-66 頁。

吉田就彦 (2005)『ヒット学』ダイヤモンド社。

吉田就彦・石井 晃・新垣久史 (2010)『大ヒットの方程式 ソーシャルメディアのクチコミ効果を数式化する』ディスカヴァー・トゥエンティワン。

Anderson, C. (2006) *The Long Tail : Why the Future of Business is Selling Less of More*, Hyperion.

Anderson, C.(2009) *Free : The Future of a Radical Price*, Hyperion.

Bass, F. M. (1969) "A New Product Growth Model for Consumer Durables," *Management Science*, 15, pp. 215-227.

Bayus, B.L. (1994) "Are product life cycles really getting shorter?," *Journal of Product Innovation Management*, Vol. 11, pp. 300-308.

Friedman, T. L. (2005) *The World is Flat*, Picador.

Fourt, L. A. and J. W. Woodlock (1960), "Early Prediction of Market Success for New Grocery Products," *Journal of Marketing*, Vol. 25 (October), pp. 31-38.

Gatignon, H. and T. Robertson (1985) "A propositional inventoryfor new diffusion Research," *Journal of Consumer Research*, 11 (March) pp. 849-867.

Golder, P. N. and G. J. Tellis (2004) "Growing, growing, gone : Cascades, diffusion, and turning points in the product life cycle," *Marketing Science*, 23(2) pp. 207-220.

Goldsmith, R. E. and C. F. Hofacker (1991), "Measuring ConsumerInnovativeness," *Journal of the Academy of Marketing Science*, 19(3), pp. 209-22.

Kim, W. C. and R. Mauborgne (2005) *Blue Ocean Strategy : How to Create Uncontested Market Space and Make the Competition Irrelevant*, Harvard Business School Press. (有賀裕子訳, 2005,『ブルー・オーシャン戦略――競争のない世界を創造する』ランダムハウス講談社)

Lekvall, P. and C. Wahlbin (1973) "A Study of Some Assumptions Underlying Innovation Diffusion Functions," *Swedish Journal of Economics*, 75, pp. 362-377.

Moe, W. and P. Fader (2002) "Using Advance Purchase Ordersto Forecast New Product Sales," *Marketing Science*, 21(3), pp. 347-364.

Yamada, M., R. Furukawa, and H. Kato (2001) "AConceptual Model for Adoption and

Diffusion Process of a New Product and an Eagerly Wanted Product," *Review of Marketing Science WP No. 526*, Working Paper Series, The University of Texas at Dallas. (http://papers.ssrn.com/sol3/papers.cfm?abstract_id = 310586) 2011 年 11 月 9 日閲覧。

Zuboff, S. (2010) "Creating value in the age of distributed capitalism," *McKinsey Quarterly*, September, McKinsey & Company, pp. 1-12.

（山田昌孝）

終章
ICT化と産業のダイナミズム

第1節　各章のメッセージとまとめ

　イノベーション研究の先駆者であるシュムペーターは著書 *The Theory of Economic Development: An Inquiry into Profits, Capital, Credit, Interest, and the Business Cycle*（1934／邦訳『経済発展の理論』〔1977〕）の中で，イノベーションを新しい製品，新しい市場開拓，新しい工程や手段，新しい結合として捉えている。まさに，ICTは多様な領域においてイノベーションの手段，きっかけになっており，産業全体に大きなダイナミズムをもたらしている。[1] しかしながら，多くの文献で言及されているように，ICTは「魔法の杖」ではなく，現代企業には様々な問題解決を求めている。

　序章でも言及したように，本書のねらいはICTに対する過度な期待と過小評価に傾斜されず，冷静にその効果と影響，そしてしくみの変化など，ICT化がもたらすダイナミズムについて分析することであった。製品進化，企業戦略，企業間のしくみ，消費者行動への影響といった領域に絞り，ICT化のインパクトについて包括的に分析しなら，バランスの取れた理解を試みた。本章ではこれまでの分析視点や結果を踏まえて，ICT化がもたらすダイナミズムについて考察し，今後の展開と戦略上の問題について検討を加えたい。まず，ここでは各章の内容をまとめつつ，その意味や示唆についてディスカッションを行うことにする。

　第Ⅰ部ではデジタル技術の普及が製品の進化・融合とともに産業の境界やビジネスモデルの変化をもたらすことに着目した。

　第1章では，事務機器産業を取り上げ，従来の製品にデジタル技術を取り入

れることによる製品の変化，すなわち複数機能の統合による製品進化に注目した。さらに，それがもたらす影響が，製品システム内部の機能統合だけではなく，複数の製品機能の統合するベクトルにより，既存の産業の括りを変えてしまう可能性について論じていた。いいかえると，デジタル化とは既存の製品システムを構成していた知識の境界（bundary of knowledge）や構成部品の変化が従来の産業の境界線を変化させることである。つまり，デジタル化による製品システムの変化は，コアとなる部品やその機能の統合だけではなく，製品システムの制御のあり方や顧客インターフェースを変化させるため，必要とされる知識の変化をもたらし，多岐にわたる産業分野の技術知識の統合による技術統合が必須となる（Iansiti, 1998；具，2008）。よって，デジタル技術の浸透が製品の統合を促し，産業間の境界を曖昧にする。そのため，技術の転換期に，企業戦略として企業ドメインの再設定が不可欠となるのである。

　第2章では，顧客である医療組織側（病院）の業務ツールのICT化（電子カルテ）が，供給側である医療機器メーカーのビジネスモデルに変化をもたらすことに注目した。顧客側（病院）の業務ツールが紙媒体のカルテから電子媒体の電子カルテにおきかわることにより，顧客は患者の情報をより総括的かつ迅速に取り入れる機器やシステムを求めるようになった。それによって，医療機器メーカーは，顧客（病院）の顧客情報（患者の健康状態に関する情報）を管理できるシステムを開発しなければならなくなったのである。また，多様な医療機器からの病状情報・記録を一括管理し，リアルタイムで共有・掲示できるような製品システムを構築しなければならなくなった。それによって，医療機器メーカーの中でそれをまとめ，統合する役割を果たさなければならなくなり，取引構造も変わってくる。つまり，顧客のICT化にともない，従来の自社製品だけではなく，多様な関連機器を束ね，顧客に提供することになったのである。裏を返すと，医療機器メーカーの中で関連機器を統合できるか否かが重要となる。

　このことは，自動車産業におけるモジュール化の動きで起きた問題と似ている。ある特定サプライヤーが多様な部品を束ねて「モジュール」もしくは「システム」として組立，納入することになると，既存のサプライヤー間の関係が

変わってくる（具, 2008）。特に，そのサプライヤー（システム・インテグレーターと呼ぶ）は関連部品を束ねる能力が不可欠になる。よって，自社製品の範囲を超えた関連部品に関する知識やシステムに関する知識（医療組織でいえば電子カルテや医療情報の流れ）が必要となる。このように，デジタル化のインパクトは顧客側の変化により，関連メーカーやサプライヤーにおける組織能力と取引構造の変化をともなうのである。今は，機器間のインターフェースは標準化されていない状況だが，今後，機器間のインターフェースの標準化プロセスをめぐる競争による変化が予想されるだろう。

第Ⅱ部では企業間取引におけるコミュニケーションツールとしてのICTに焦点を当てて，情報のやりとりと共有のあり方，問題解決のパターンについて考察を行った。

第3章では，企業間の取引情報ツールとしてのEDI，特に協働型EDIに着目し，メーカー側と小売店との濃密な情報交換がサプライチェーンの変革をもたらし，双方プラスのシナジー効果を共有することができることを主張した。本事例は，協働型EDI活用によるメリットを享受するためには，デジタル化というツールの導入はサプライチェーン変革の必要条件に過ぎず，取引相手に対する共同問題解決ツールとしてデジタル技術を用いることが戦略的に重要であることを示唆している。また，組織内の部門間の連携とトップマネジメントのコミットメントがあってこそ，従来の取引関係の問題を超え，取引相手との信頼関係に基づいた戦略共有ができ，協働型EDIの普及を促進させる連鎖が生まれることを明らかにしている。いいかえれば，EDIを活用し，戦略的意図を実行しようとすれば，それを支援する組織体制の構築と協調的問題意識の共有・解決がなければ，EDI導入による期待効果を上げることは困難であることを意味する。呉・藤本（2001）が指摘するように，ICTと組織能力との相性の問題が重要であることを示唆しているかもしれない。

第4章では，複数の企業による協働型開発プロセスにおけるデジタル開発ツール（3次元CAD）の導入とその影響について論じた。自動車のようにサプライヤーとの協働作業によって製品開発が行われる場合，ICT導入による期待効果が得られないのはなぜなのかに着目し，そのメカニズムを究明しようとし

た。つまり，3次元CAD技術は問題解決サイクルの数を減らし開発リードタイムの短縮に貢献する正の効果と，企業間コミュニケーションの量や頻度をむしろ増加させる企業間コミュニケーションを経由したパスが問題解決サイクルの数を増加させる負の効果が共存しており，それらの効果の打ち消し合いが最終的に開発成果を左右することを明らかにした。この発見は，ICT（3次元CAD）に関する組織間の能力の差やエンジニアの行動パターンによって，期待していた効果が必ずしも得られないことを指摘する。技術の移行期，ここでは開発ツールの移行期には，複数の企業間のICTに対する理解や使いこなす能力のギャップが問題解決すべき量の増加をともなうことを示唆する。

　第Ⅲ部では，IT時代からICT時代への移行がマーケティング分野にもたらした影響と新製品の普及パターンについて分析している。

　まず，第5章ではマーケティングや普及パターンに関する丹念なレビューを行った。そこで，伝統的なマーケティング戦略論の基盤であるPLCの問題とICT時代における限界を考察した上，マーケティング・コンセプトは顧客志向から公正志向へ変遷していることを考察した。

　引き続き第6章では，日本市場でのアップル社の携帯音楽プレイヤーiPodを取り上げ，実際の普及パターンについて消費者の採用行動と企業戦略の側面から分析した。そこで，ブランドの普及パターンは多くの場合，急速浸透普及パターンを想定しなければならない時代になった今日，マーケティング戦略もパラダイム・シフトといえるほどの変化がともなってくることを指摘した。つまり，ICTの特徴である複製の容易性，ネットワーク性と，標準プラットフォームの普及により，急速浸透普及パターンに対応するマーケティング戦略やロング・テール現象のための戦略，フリー戦略など，新しい視点のマーケティング戦略の検討が不可欠であることを示唆しているのである。

　以下ではこれらの議論を踏まえて，ICTのダイナミズムとそのメカニズムについて論じることにする。

終　章　ICT化と産業のダイナミズム

第2節　ICTのダイナミズム

　以上でみたように，我々は本書を通して「ICTの光と影」だけではく，製品，産業，開発プロセス，組織間取引，ビジネスモデル，市場や顧客戦略などの領域におけるICT化の影響を分析してきたが，これらは経営学の多くの関心領域への示唆が含まれていると考える。

（1）デジタル技術の特徴
　本書で焦点を当てているICTの基盤となっているデジタル技術の最大の特徴は，①製品機能・制御のソフト化，②製品システム機能の集約化・統合化，③ネットワーク化，④複製・変更・移転の容易さが挙げられる。
　①製品機能・制御のソフト化
　製品システムにおける多くの機能や性能がソフトによる制御で可能となる。周知の通り，20世紀最大の発明ともいえる半導体やIC（集積回路）は製品の小型化，軽量化に飛躍的に貢献すると同時に，機能性や制御のソフト化をもたらし，近年の多くの機器をコンピューター制御，すなわちソフトによる制御の形に変えた。
　例えば，四輪馬車にガソリンエンジンが搭載され，現在の自動車の原型ともいえるT型フィード車が登場してから，自動車は多様な産業の発展とともに，多くの部品や素材の発展成果を取り入れながら進化を遂げてきた。その中で，半導体は自動車技術に大きな影響を与えた。多くの部品制御が従来のメカニカル制御からソフトによる制御に変わり，その傾向は近年一層高まっている。いわゆるカーエレクトロニクス化である。インタビュー調査によると，車両モデルや企業による違いはあるものの，自動車の電子化率は過去の20％から現在では30～40％に達している。さらにハイブリッド車は約45％，電気自動車は60～70％に達しているという[2]。部品点数だけではなく，金額や付加価値ベースからもその比重は増えている。いいかえれば，製品機能の多くを左右するものがソフトである。トヨタのプリウスのリコール問題（2010年）は典型的な例

193

ともいえよう．トヨタのリコール問題でわかるように，製品システムのデジタル化は，技術の発展パスと関連してシステムの複雑性（complexity）を増幅させる要因であり，開発負荷になっている．実際に，多くの製品の不具合はソフトの不具合が58.8％を占めている（『日経ものづくり』2010，8月号）．

②製品システム機能の集約化・統合化

デジタル信号に基づいた機能や制御は，物理的に構造物の統合が可能であれば，ICやECUなどのソフト制御によって可能となる．つまり，第1章でみた複合機のように，類似の機能制御論理をもつ製品間で統合がしやすくなる．それによって，これまでとは違う製品の進化と分化が起こりうる．自動車においてもそうした動きが顕著である．安全（衝突防止システム，自動走行），快適（自動駐車システム），ICT（スマートフォン，家電機器）機能が搭載されつつある．例えば，ユーザーが日常使っているスマートフォンの機能性を走行中に再現・提供できるようにするため，通信やIT機能を取り入れざるを得なくなっている．こうした動きは，技術の融合にともない，産業間の連携をさらに進展させる可能性が高い．

③ネットワーク化

デジタル技術は，他機器とのインターフェースの標準化を通じて情報の共有や伝達を可能とする．よって，多様な機器間のネットワークがさらに拡大されるようになると同時に，消費者にさらなる便益の提供ができる．供給側としては，ネットワーク性をもたせる製品開発が重要となる．この性質はインターネット世界ではより強い．そのため，電子商取引ビジネスの場合，共通のプラットフォームを提供し，それをベースにした多くのサプライヤーの参画を促すしくみになっている．例えば，Amazon.comはWEBでの集客力をベースに提携社サイドの広告掲載サービス，クラウド・コンピューティング事業を始め，2006年にはWebstore by Amazonによる電子商取引のプラットフォームを提供するサービスを開始し，外部企業や個人がAmazon.comにものを提供し，取引できる場を構築している．

④複製・変更・移転の容易さ

デジタル化により，その複製や変更，移転が低コストで，また短時間ででき

終　章　ICT 化と産業のダイナミズム

るようになる。低い複製・変更・移転コストは ICT を用いる組織や個人，市場に大きな変化をもたらす。

（2）ICT 化のダイナミズム

　デジタル技術の性質をもつ ICT の展開は，製品，企業，産業，市場といったレベルにおいて相互浸透しながらさらなるダイナミズムをもたらす。これまでの議論を踏まえて，ICT 化のダイナミズムについて考察してみよう。
　①製品進化と技術発展経路の側面
　供給側でみると，技術的な側面から製品間の統合と融合が活発になる可能性が高い。需要側からみて，機能統合やネットワークの外部性をさらに追求しようとするニーズが高まる。よって，第 1 章で論じたように，製品はさらなる技術の脱成熟化を図りながら進化することが推測できる。例えば，TV の発展経路からみられるように，曲面ブラウン管，平面ブラウン管，液晶とプラズマの薄型 TV，3D-TV へと順に進化している。このような現象はエアコン（冷暖房→空気清浄機能搭載）や洗濯機（手動→洗濯・脱水全自動→乾燥機能搭載）などの白物家電でよくみられる。同時に，TV や PC を中心とする AV 機器のネットワーク化，自動車における情報通信機器と家電機器とのネットワーク化の動きからわかるように，製品機能の統合・融合がひとつの技術発展経路になっていくだろう。
　②産業の収斂・融合化
　これまでの産業はそれぞれの異なる領域として存立してきた。ところが，①の要因により，今後は産業間の壁を越えて技術の融合や相互作用と浸透が高まると予想される。総合家電メーカーにおける事業間の連携・再編，ドメインの見直し，戦略的提携などはこうした動きに対応するものが多いだろう。また，近年，話題の電気自動車やハイブリッドカーでみられる電池業界や IT 企業との連携の活発化は同様な動きとして理解できる。産業の収斂・融合化は川上の素材や部品メーカーにおいても活発になりつつある。つまり，完成品における技術の変化は素材や部品メーカーのイノベーションを促進すると同時に，川下のメーカーとの連携を強め，さらなる産業間のダイナミズムを生み出している。

③組織における業務プロセスおよび組織ルーチンの革新

　ICT の導入と活用は，当然ながら組織の業務プロセスに影響を与える。ICT 化の効果は組織力なしでは得ることは難しい。しかしながら，新しいツールや技術の導入はしばしば従来の業務ルーチンの見直しや変化を求めることになるが，従来の組織的慣性（Hannan and Freeman, 1977）により組織的な抵抗や反発を引き起こすこともある。したがって，第 3 章や第 4 章でみたように，新しい業務ツールやコミュニケーション手段としての ICT は組織間関係や部門間の連携のあり方，ルーチンの見直しを考慮に入れた ICT 導入戦略がないと期待した効果を得られにくい。例えば，多くの医療組織で紙カルテを代替する電子カルテの導入が失敗したり，定着に長い時間がかかったりしたのは，導入プロセスや各部門間の連携やその目標の共有が乏しかったことが大きな原因である（具・久保，2006，2007）。

　他方，企業業務プロセスの ICT 化は関連機能部門（企画，設計，生産，調達，営業，アフターサービスなど）のシステムの連携を保つことが重要である。各部門のシステム連携によって，部分最適化を超え，製品設計，生産活動，部品調達，在庫管理，顧客（市場）情報が連動することで所定の効果を享受できる。また，顧客やサプライヤーを取り込んだ，システム設計，運用，情報の共有・活用が ICT 時代の競争力の差を生み出す一因となる。

④企業間取引の変化

　企業間取引の側面における ICT 化の影響は大きく 2 つある。

(1)取引のしくみについて

　複数企業間の情報共有が必要な取引において，情報技術をどのように活用するかは容易ではない。なぜなら，異なる立場のプレイヤーが機会主義的な行動をとろうとするからである。したがって，それをコントロールしながら両者にプラスの効果を得られない場合，成功することは難しく，ICT の普及にともなった戦略実行は困難に直面する。そのひとつの解は，第 3 章の事例が参考になる。小売店の在庫管理と売上高向上といった問題を協働で解決していることからわかるように，取引相手双方の問題を解決できるツールとして ICT を活用することがひとつの方法かもしれない。

その点，近年のプラットフォームリーダーシップ論（Gawer and Cusumano, 2002）やエコシステム（Moore, 1993, 1996 ; Iansiti and Levien, 2004）の視点の検討は有用であろう。これらの研究から導き出される共通点は，(i)産業横断的な視点に立ち，中核企業だけではなくサプライヤーを含めた多様なプレイヤーの相互作用および協調性による価値創造と利益共有がエコシステムの形成と維持の要件であること，(ii)エコシステムの継続的な進化のため，イノベーションにともなうリストを，中核企業とサプライヤー間でシェアし，相互に価値創造可能なしくみの構築の重要性が論じられていることである。しかし，エコシステムに関する既存研究は，技術変化が激しく，比較的，モジュラー型アーキテクチャ製品，または製品技術知識が分散している水平分業型産業構造を想定した議論が多い。また，関連要素技術の知識間の関係もモジュラー型知識に限られており，既に出来上がったイノベーション・システムの構造や，その維持，成果の共有に焦点が与えられている。いいかえれば，マイクロソフトやインテルのような企業が属している水平分業型産業構造をベースに，プレイヤー間の協調，価値創造・配分が主な関心事であって，新しいエコシステムの生成やその変化，さらに獲得した技術知識の維持のための企業の境界設定についての議論はあまりされていないことに注意を払うべきである。

(2)取引構造への影響

とりわけ，前述したデジタル技術のネットワーク性により，ICTは取引構造のオープン化を促すことがよくいわれてきたが，実際はどの程度なのか。たしかに，インターネットの取引は活性化している。特に，卸小売の場合，Yohooや楽天のようなB to C電子商取引企業が，共通のヴァーチャル取引場を提供することで，供給者と消費者を確実に結びつけることでeコマースは飛躍的に増加した（序章参照）。しかし，B to Bの場合はどうだろう。取引金額をみると，一見向上しているようにみえるが，既存の取引の延長線に代替されただけであった。顔の見えるサプライヤー間の取引はツールの変化にとどまっており，実際には幻に終わってしまったのである。

呉・藤本（2001, 2007）によれば，製品アーキテクチャ的な特徴によって，選択される電子商取引のパターンは変わってくると指摘する。コモディティ化

の傾向が濃厚な電子部品の場合，eマーケットプレイスを通じて世界中から調達が行われており，その比重も徐々に増えている傾向にある。しかし，自動車のような統合型製品の場合，取引先選定においての評価軸は価格だけではなく，長期継続的な技術開発や品質向上への姿勢（取引様式），経営能力などといった評価項目が重要である。そのため，eマーケットプレイスになりにくい。もちろん，近年，日本の自動車産業をみると，グローバル調達が基本方針となっているが，競争に基づく取引先選定におけるオープン化であって，それが取引業務の電子化への転換を意味するわけではない。また，その取引構造のオープン化は，ICTの浸透によるものであるというよりも，開発負荷の増加とコスト低減の圧力の中で選択された，戦略的手段としての外注化という側面がより強い。

　また，消費者にとって，自動車やファッション性の高い製品は評価基準が明確なコモディティ製品とは違って，感性品質を含めて多様な次元で検討される。そのため，インターネット取引はなかなか増えないのである。

　要するに，BtoB取引構造のオープン化は部分的に進展しているものの，取引財（製品・サービス）の特徴や取引様式によって異なってくる。また，BtoCの場合，消費者の評価次元や行動によって，違う展開をみせる可能性が高い。

⑤消費者行動の変化

　ICT化は，供給側と需要側の情報の非対称性の多くの部分を解消させる。消費者は多様な情報チャンネルから製品・サービスの情報を仕入れたり，比較したりすることがしやすくなった。こうした利点はICT機器の普及によってさらに広がることになる。つまり，Webでの口コミなどによる製品の評価情報は速く広がるため，短期間で同質的な行動をとりやすい傾向がある。よって，短期間で特定の製品やサービスへの関心や購買が上がったり，低下したりすることも予想できる。また，ICT化にともなう決済手段の多様化は購入先の選定に影響を与えることも考えられる。

　一方，供給側は，消費者の行動や購入パターンを把握することも容易になる。インターネットでつながっている今日は消費者の行動や評価などはグローバルに展開される。よって，リード・ユーザーの重要性はさらに高まる。他方，グ

ローバル市場展開を図る企業にとっては2つの問題に直面することになる。

ひとつは、製品・サービスの世界同時立ち上げの問題である。つまり、製品やサービスに関する情報が瞬時に収得できる環境であるため、先進国と開発途上国を分け、時間をおいた製品投入が難しくなる。よって、最近は新製品の世界同時立ち上げがほぼ当たり前になっている。こうした現象はプロダクトライフサイクル（PLC）の短縮化と技術の陳腐化のスピードを速めることになる。

次に、新興国市場の二極化による企業戦略の対応問題である。予想をはるかに超える新興国（特に、BRICs）市場の成長は生活水準の向上と購買力の向上をもたらしているが、所得格差も激しい。そのため、購買力の二極化が進んでいる。一方、企業にとっては、PLC上、成熟産業（製品）だったはずのものが、飛躍的な市場拡大により、再度成長期を迎えることになる。すなわち、「市場の脱成熟化」（伊丹, 1992）が起こる。こうした状況の中で、グローバル企業は異なる顧客層のニーズに対応しなければならなくなった。ひとつの技術標準でグローバル展開が可能な製品（例：PC, 情報通信機器）もあれば、従来先進国のマーケットとは異なる現地国のニーズや所得水準に合わせた製品設計や展開が求められることも多い。例えば、自動車や家電などがこれに当たる。非常に異なった顧客ニーズを満たすためには、既存の製品に対する製品イノベーションが必要となる。つまり、これまでの製品仕様（品質レベルや機能性）の見直しが不可欠となる。新興国のニーズとかけ離れ、過剰品質ともいえる製品づくりを修正することは安易ではない。なぜならば組織の中で、複数の技術標準を認めるか、またエンジニアの開発志向とは逆の発想が必要になるからである。これらの問題は国際経営の最大の分析課題である「本国と現地国拠点間の分業と統合の問題」に他ならない。

要するに、ICT化による消費者側へのインパクトは新興国市場の台頭と時期を同じくして企業のグローバル製品戦略に大きな影響を与えていることがいえよう。

⑥企業間競争とビジネス・システム

インターネットをはじめとする情報化やデジタル技術の普及は、複製・変更・移転を容易にする。この性質は、製品の差別化による効果を無用にし、価

格競争を促す側面がある。供給側の側面でみると，複製コストの低下の中，複製の質・精緻さは向上される。例えば，近年，中国の多く産業で観測されるように，キャッチアップ・学習のスピードは一段と速くなっている。また，その模倣の精緻さは日々向上しつつある。伝統的な競合他社製品のベンチマーキング手法であるリバース・エンジニアリングは，3次元測定機や3次元CADの精度向上にともない，従来に比べてより短時間で，より高い精度で，製品情報の入手と分析，複製が可能になった。そのため，従来なら製品差別化から得られるはずの利益（レント）が，当該市場において短期間に限られてしまう可能性が高くなる。それに加えて世界経済のグローバル化によって，人の移動による知識やノウハウの移転も従来より容易になったことも，製品技術による確立された差別化の優位性を長く維持することを困難にしている。もはや技術の流出は制御できない状況にまできている。こうしたイノベーションの収益化の問題はグローバルな競争において日本企業の競争力低下という大きな問題を引き起こしている。その点で，高付加価値製品戦略にも限界がみえる。

　この点で，技術の洗練化だけではなく，ニーズに合致した製品づくりと同時に，ビジネスのしくみの差別化による価値創造と，持続的な収益性を確保できるビジネス・システムの構築が要求される。例えば，アップル社はその好例であろう。大ヒット商品であるiPod, iPhone, iPadなどは，決して技術的に新規性の高いものではなく，優れた技術力の産物であるとはいいにくい。というのも，多くの構成部品は台湾や韓国企業の汎用性の高いものを使っているからだ。その成功の背後には，顧客の利便性に徹した製品設計と構造，デザイン，そしてiTunesという統一された「情報のゲートウェイ」を通じた顧客インターフェースの構築があった。また，iTunesは数多くの企業の自律的なイノベーションを促せるプラットフォームを提供している。つまり，アップル社はビジネスのしくみの革新を同時に遂行しているのである。アップル社の成功の秘訣は，技術の新規性やそれによる顧客付加価値の創造という製品差別化だけではなく，常に新規性のあるアプリケーションを提供することで製品普及を加速化できるビジネス・システムと事業コンセプトの構想力の優位性にある。いいかえれば，日本企業に不足しているのはビジネス（事業）のしくみに関する構

想力の不足であろう。
　技術ベースで細かい製品性能の向上や付加的な機能開発に傾斜している一部の日本企業の傾向とは違って，アップルは顧客の求める価値は何かを的確に捉えた上，ビジネス全体のしくみによる差別化を通じて競争力を高めているのであろう。このやり方はすべての製品機能を用意するビルトイン型製品開発とは違って，少ない自社資源で外部資源を的確に活用できるしくみを構築することで，複雑性を軽減できるメリットももっている。コモディティ化が進んでいる産業において大きな示唆が潜んでいる。

第3節　本書の限界と今後の課題

　本書は多様な分野の研究者による学際間研究の成果である。そのため，序章で論じたように，供給者から消費者，企業間取引などに着目しながら多様な視点からICT化の影響とそのダイナミズムについて考察することができた。
　ICTの問題は，技術内容の問題に限らない。その影響範囲は深く多様な領域にわたる。ICT化の実態やその影響，多様な因子間の相互作用を総括的な視点で分析してきた本書にも，まだまだ限界があったかもしれない。特に，時間軸を入れた市場構造の変動や産業の変化，バリューチェーンの変化，組織内部の問題，ICT時代の人材育成や活用問題，熟練と技術移転の問題，グローバルな視点を入れた経営戦略および競争戦略の問題などは，ICT化と関連し今後も引き続いて検討すべき問題であろう。その点で，本書に残された課題は多い。
　イノベーション研究の先駆者であるシュムペーターは，彼の著書で次のように述べている。今後の研究において，彼の言葉は重要な視点を与えてくれるに間違いないだろう。

　　　現存の欲望と現存の手段とを考慮しての経済的な結合と，方法の理念を基礎としての技術的結合とは同じものではない。たしかに技術に対して技術的生産の目的を与えるものも経済にほかならず，技術は要求された財に

対する生産方式を展開するものにすぎない。しかし，経済的現実は必ずしもこれをその最終の帰結にまで追求し，技術的に完全なる形で遂行するものではなく，むしろこれらの遂行を経済的な観点に従属させるのである。

——シュムペーター『経済発展の理論』18頁より——

注

(1) 本章の問題意識と類似したところがある西村・峰滝（2004）は，経済学ベースでいわゆる「情報技術革新」がもたらした影響について分析を行った。彼らは少なくとも，2000年代前半までの米国や日本の産業分析を通じて，ニューエコノミーの光は幻に過ぎないと結論づけている。

(2) 日本自動車部品工業会によると，2005年度の日本の自動車部品の市場規模は約17兆5200億円で，そのうち，広義の電子部品関連市場の規模は6兆1000億円，自動車部品全体の35％となっている。電子部品の比率が増加するということは，もちろんソフトウェア量とECU数の増加を意味する。クルマ1台に搭載するソフトウェアのライン数（Line of Code）は，カーナビも含めて現在約1000万行（日産）程度で，トヨタ自動車の「レクサスLS」では，カーナビだけで1000万行，車両制御で700万行と，計1700万行に上るという。ソフトウェア量の増加は，ソフトウェアを組み込んだECUの数からもわかる。トヨタ自動車の「レクサスLS460」は約100個，ホンダの「レジェンド」は約60個，日産自動車の「フーガ」も約50個を搭載している（『Nikkei Automotive Technology』2007，11月号）。

(3) しかしながら，エコシステム論は明確な概念定義はされておらず，オープンなプラットフォームを軸とする企業間システムを指すメタファーとしてのエコシステム概念の有効性を主張している傾向がある。

参考文献

伊丹敬之・伊丹研究室編（1992）『日本の造船業世界の王座をいつまで守れるか』NTT出版。

具承桓（2008）『製品アーキテクチャのダイナミズム――モジュール化・知識統合・企業間連携』ミネルヴァ書房。

具承桓・久保亮一（2006）「病院組織における情報技術の導入と組織変革，その効果分析――洛和会ヘルスケアシステムの電子カルテ導入事例」『日本経営学会誌』第18号，3-16頁。

具承桓・久保亮一（2007）「病院組織におけるサービス向上の取り組み」藤本隆宏・東京大学ものづくり経営研究センター編著『ものづくり経営学――製造業を超える生産思想』

光文社。
西村清彦・峰滝和典 (2004)『情報技術革新と日本経済――ニュー・エコノミーの幻を超えて』有斐閣。
日経編集部 (2007)『Nikkei Automotive Technology』11 月号。
日経ものづくり (2010)「ソフトが揺さぶる製品安全」『日経ものづくり』8 月号。
呉在烜・藤本隆宏 (2001)「電子調達ネットワークと部品取引方式」東京大学日本経済国際共同研究センター，CIRJE ディスカッションペーパー，No. 44.
呉在烜・藤本隆宏 (2007)「IT と組織能力の相性」藤本隆宏・東京大学ものづくり経営研究センター編著『ものづくり経営学――製造業を超える生産思想』光文社。
Gawer, A. G., and M. A. Cusumano (2002) *Platform Leadership*, Harvard Business School Press.（小林敏男監訳，2005，『プラットフォーム・リーダーシップ』有斐閣）
Hannan, M., and J. Freeman (1977) "The Population Ecology of Organizations," *American Journal of Sociology*, 82, pp. 929-964.
Iansiti, M. (1998) *Technology Integration*, Harvard Business School, MA.
Iansiti, M., and R. Levien (2004) *The Keystone Advantage*, Harvard Business School Press.
Moore, J. F. (1993) "Predators and Prey: A New Ecology of Competition," *Harvard Business Review*, 71(3), pp. 75-86.
Moore, J. F. (1996) *The Death of Competition-Leadership and Strategy in the Age of Business Ecosystems*, Harper Business.
Schumpeter, J. A. (1934) *The Theory of Economic Development: An Inquiry into Profits, Capital, Credit, Interest, and the Business Cycle*, Harvard University Press.（塩野谷祐一・中山 伊知郎・東畑精一訳，1977，『経済発展の理論――企業者利潤・資本・信用・利子および景気の回転に関する一研究』岩波書店）

(具　承桓)

索　引

あ　行

ICT イノベーション　13
ICT 化　11
　　財の——　3
　　取引の——　5
ICT 幻想　7
iTunes　200
IPS（イメージ・プロセッシング・システム）　29
iPod　192
アップル社　192, 200
アナログ製品　2
Amazon.com　194
EDI　75, 191
　　——の多様性　81, 84
　　——の幅　81
　　——の深さ　81, 85
　　——の量　81
e マーケットプレイス　6, 7, 9
医事会計システム　53
イノベーション　62, 133, 140-142, 148, 151
　　——と消費者行動の変革　11
医療機器　12
医療組織　190
因果モデル　110, 115
インクジェット・プリンター　20
インクジェット複合機　32
インターフェイス　65
VAN　76
エコシステム　197
SCM　77, 85
LOC　124
OA 化　25
オーダリングシステム　54
オーバーラップ型　108

オープン化　69

か　行

外的普及　82, 83
開発効率　110, 114, 121
開発パフォーマンス　110
開発リードタイムの短縮　109
過剰品質　199
課題解決　89
カテゴリー・レベル　164, 167
観測変数　116
企業間関係の変革　11
企業ドメイン　29, 40
技術キャッチアップ　123
技術統合　190
技術の脱成熟化　195
技術のパッケージ化　123
技術の不均衡　125
キャッチアップ　200
CAD　104
急速浸透普及パターン　163-167, 173, 175, 182, 185, 192
協働型 EDI　77, 82
協働型開発プロセス　191
共分散行列構造　117
共分散構造　116
共分散構造分析　115, 116
記録媒体の本体内蔵化　19
経営資源　50
減速　149-156
減速点　150
構成概念　116
公正志向　139, 156
後発　40
顧客志向　134, 137

コトラー, F.　137, 138
コミュニケーション　115
　——の効率化　113
　——の頻度　110
コミュニケーション・タイミングの早期化　113
コミュニケーション・ツール　105, 106, 120
コンセプト　25
コンタクト・ポイント　136, 137

さ 行

在任期間　43
サイバースペース市場　182, 185
採用　82
作業の自動化（automate）　123
産業境界の引き直し　19
産業と企業行動の変革　11
産業の収斂　195
産業の融合化　195
3次元 CAD（技術）　104, 106, 109
CAE　104
CAM　104
CAT　104
CPFR　77, 85
しきい値　145, 146
事業コンセプト　200
市場取引型 EDI　77, 82
市場の脱成熟化　199
システムの互換性　109
システムの複雑性　194
自動車部品産業　119, 122
シミュレーション・ツール　120
シミュレーション機能　107
事務機器　12
社会的な変革プロセス　13
収益モデル　50
集権化　40
シュムペーター, J.　189, 201
情報化（informate）　123
情報カスケード　148-150, 152, 153, 157
情報のゲートウェイ　200

情報の非対称性　198
新興国　123
新興国市場の二極化　199
新製品　140, 141, 147, 149, 150, 155, 156
衰退期　142, 144, 152
スキャナー　20
Zuboff, S.　123
生産志向　134
成熟期　142, 144, 149
成長期　142, 144, 150, 151, 153, 155, 156
製品アーキテクチャ　52
製品開発　108
製品カテゴリー　147, 152, 154, 157
製品カテゴリー・レベル　145
製品機能・制御のソフト化　193
製品志向　134, 137
製品統合　19
製品ライフ・サイクル（PLC）　133, 140-145, 148-150, 152, 155-157
　——の基本的パターン　144
設計変更コスト　115
潜在変数　116
戦略キャンバス　178
相互依存性　20, 45
相対シェア　30
ソーシャル・ビジネス・エンタープライズ　137
組織小売業　79
組織能力の共進化　122

た 行

知識の境界　190
中国　200
デジタル化　19, 123
デジタル仮想組立　107
デジタル技術　193
デジタル製品　2
デジタル複合機　28
デジタル複写機　27
電子カルテ　191, 196
電子商取引　6, 194, 197

索引

導入期　142, 144-146, 149
取引セット　82

な 行

内的普及　82, 83
人間志向　137, 138, 156
ネットワーク化　54, 61, 194
ネットワーク的統合　45
ネットワークの外部性　195
熱望品　166

は 行

破壊的イノベーション　52
ハザード・モデル　147, 151, 152, 153
バス・モデル　140, 141
浜田 広　29
バリュー・カーブ　169, 178
販売志向　134
汎用基盤技術　1, 10, 13
BOPビジネス　137
B to C　5
B to B　5, 6
ビジネス・システム　200
ビジネスモデル　49, 50
標準化　69
FAX　20
　――のデジタル化　25
　――の複合化　40
フェア・トレード　138
普及　82
普及パターン　133, 140, 192
複合化　20
　――の駆動力　40
複写機　20

　――のデジタル化　27
複数機能の統合　45
部品干渉問題　106, 109
部門間コミュニケーション　112
ブラザー工業　21
プラットフォーム・リーダーシップ論　197
ブランド・レベル　144, 164, 167, 185
プランニング・ミーティング　88, 89
プリウス　193
ブルー・オーシャン戦略　169, 178
飽和期　142
POS（システム）　77, 135
ホリスティック・マーケティング　136, 137

ま 行

マーケティング・コンセプト　133-136, 138-140, 156
マーケティング3.0　137
魅力曲線　176, 178, 182
モジュール化　190
問題解決サイクル　114-116, 119, 120, 192
問題解決の前倒し　107

や・ら 行

安井義博　33
ユビキタス社会　136
リコー　21, 23
リバース・エンジニアリング　200
離陸　145-157, 163
離陸点　150
ルーティン　48
ロジャース, E.　82, 140
ロジャース・モデル　141

執筆者一覧（所属，執筆分担，執筆順，＊は編者）

＊藤原　雅俊（京都産業大学経営学部准教授：はじめに，序章，第1章）

　久保　亮一（京都産業大学経営学部准教授：第2章）

　中野　幹久（京都産業大学経営学部准教授：第3章）

＊具　　承桓（京都産業大学経営学部准教授：はじめに，第4章，終章）

　山田　昌孝（名古屋商科大学商学部教授：第5章，第6章）

《編著者紹介》

藤原雅俊（ふじわら　まさとし）
　　1978年　生まれ
　　　　　　一橋大学大学院商学研究科博士後期課程修了
　　現　在　京都産業大学経営学部准教授（博士　商学）
　　主　著　『現代の経営理論』（共著）有斐閣，2008年
　　　　　　「産業間相互作用を通じた技術蓄積メカニズム」『組織科学』43(2)，2009年，
　　　　　　84-96頁
　　　　　　「経営資源観とイノベーション研究の統合可能性」『日本経営学会誌』22，2008年，
　　　　　　3-14頁

具　承桓（ぐ　すんふぁん）
　　1968年　生まれ
　　　　　　東京大学大学院経済学研究科博士課程修了
　　現　在　京都産業大学経営学部准教授（博士　経済学）
　　　　　　東京大学ものづくり経営研究センター特任研究員
　　主　著　『製品アーキテクチャのダイナミズム』ミネルヴァ書房，2008年
　　　　　　『コア・テキスト経営管理』（共著）新世社，2009年

MINERVA 現代経営学叢書㊺

ICT イノベーションの変革分析
――産業・企業・消費者行動との相互展開――

2012年3月10日　初版第1刷発行　　　　　　　検印廃止

定価はカバーに表示しています

編著者	藤　原　雅　俊	
	具　　承　　桓	
発行者	杉　田　啓　三	
印刷者	林　　初　彦	

発行所　株式会社　ミネルヴァ書房
607-8494　京都市山科区日ノ岡堤谷町1
電話代表　(075)581-5191番
振替口座　01020-0-8076番

© 藤原雅俊・具　承桓ほか，2012　　　太洋社・新生製本

ISBN978-4-623-06212-6
Printed in Japan

製品アーキテクチャのダイナミズム
具 承桓 著　A5判　272頁　本体4500円
●モジュール化・知識統合・企業間連携　複数の企業間に分散する「設計思想」の統合化・総合影響の実態を分析する。

アジアICT企業の競争力
夏目啓二 編著　A5判　272頁　本体3000円
●ICT人材の形成と国際移動　詳細な現地調査から人材の形成過程と国際的な移動の実態を捉え分析する。

日本企業の生産システム革新
坂本 清 編著　A5判　290頁　本体3800円
グローバル化・IT化・モジュール化を基軸に，再構築を進める生産システムの実態を，産業別多様性の中で分析。

マネジメントを学ぶ
京都産業大学経営学部 編　A5判　280頁　本体1900円
企業をとりまく外部環境の変化に対応し，ビジネスをめぐる最新の研究動向を，平易明快に説くテキスト。

よくわかる経営管理
高橋伸夫 編著　B5判　248頁　本体2800円
巻末の「モデル対応表」で，効率的学習が可能。各項目を見開きで紹介，経営組織の理論と実際を網羅的に解説。

――― ミネルヴァ書房 ―――
http://www.minervashobo.co.jp/